U0567764

源自北京联合大学人才强校优选计划
受北京联合大学旅游学院协同创新中心资助

旅游创意计算

主 编◎张 璐

副主编◎杨宏戟

中国旅游出版社

前 言

在全球化、信息化和技术革新的共同推动下，旅游行业已经进入智慧旅游的发展阶段。随着移动互联网、物联网、云计算、大数据和人工智能等新一代信息技术的快速发展和广泛应用，旅游行业不仅能够提高效率、降低成本和优化旅游资源配置，而且能够为游客提供便捷、高质量和个性化的旅游服务与体验。通过实现旅游营销、服务、体验和管理的智能化，旅游行业促进了转型升级和可持续发展的实现。

其中，各种信息技术手段被广泛应用于旅游创新创意。通过智能推荐系统和个性化服务，游客可以根据自己的兴趣和偏好获取定制化的旅游建议和行程规划；虚拟导游和语音翻译技术则提供了更便捷的导览和交流方式；智能安全监控和应急救援系统保障游客的安全；而智能营销技术和社交媒体平台则为旅游目的地提供了在线推广和宣传的渠道。这些信息技术手段的广泛应用，为旅游创新创意带来了更多的可能性，提升了游客的旅游体验和满意度。

为了进一步拓展旅游创新创意的可能性，并充分挖掘前沿科技的应用潜力，本书从旅游、创意和计算三个核心领域出发展开深入探讨。本书将重点关注"旅游与计算""旅游与创意""创意与计算"的交叉点，最终将相关结论总结于"旅游创意计算"。为了更好地实现这一目标，本书将全面介绍旅游行业与计算科学的融合，探讨如何通过计算技术来提升旅游体验和服务质量。同时，还将深入研究旅游与创意之间的互动关系，探索如何将创意思维和设计理念应用于旅游产品和服务的创新中。此外，还将探讨计算技术如何促进创意产业的发展，为创意从业者提供更多的工具和平台。无论是从学术研究还是实践应用的角度，本书都将为读者提供有价值的见解和启发，以促进旅游创新创意的发展。

第一章"旅游"　在深入探讨旅游的本质之后，进一步对旅游的特征和需求进行了全面了解，为本书奠定了重要的基础。

第二章"创意"　在深入了解创意与创造力的本质含义之后，从哲学与艺术的角度、智力与人格的角度、思维与认知的角度分别对其含义进行了拓展认识。这为后续将创意理念与旅游创新创意融合提供了启发。

第三章"计算"　试图将人们对以计算机技术为基础的信息技术的普遍认识回归到基本的数学运算上，从本质的逻辑出发重新系统地认识信息技术的功能与特点。这也为技术与旅游的融合创新提供了更多的维度。

第四章"旅游与计算"　主要关注信息技术在旅游领域的应用以及由此带来的变革。这包括基于网络技术广泛应用的在线旅游，强调旅游资源数字化的数字旅游，以及全面转型升级的智慧旅游。

第五章"旅游与创意"　在充分认识旅游与创意的基础上，再次对旅游中的创意实践进行观察与总结。重点介绍了旅游领域在文化与产品方面的创意实践，以及在创意的影响下形成的创意旅游。

第六章"创意与计算"　探讨了创意计算领域的深度融合。作为一个新兴概念，创意计算在国内学界尚未得到广泛的探讨。这也成为本书的独特之处之一。我们希望通过介绍和引入创意计算及其相关理论和方法，为旅游领域的创新创意提供更多的思路和启发。

第七章"旅游创意计算" 通过将旅游、创意和计算相互交叉融合，本书将对信息技术辅助下的旅游创新创意实践的新思考，总结为旅游消费需求的更新、旅游消费场景的升级，以及信息技术的集成与整合。

目 录 CONTENTS

第一章　旅游

根据前文中提到的本书的撰写思路，本书首先将围绕着"旅游""创意""计算"三部分分别展开，目的在于为后续的交叉和最终的融合奠定良好的理论和现实基础。由于本书的最终目的在于充分挖掘"创意"和"计算"的巨大潜力，从而为促进旅游领域的发展做出贡献，本书将首先展开对"旅游"本身进行深入浅出的认识，从而奠定本书对"旅游"的理解基础。

一、对旅游本质的探讨

1. 旅游要素

从构成的角度出发，旅游包含"食、住、行、游、购、娱"六要素，分别涉及餐饮、住宿、交通、游览、购物、娱乐六个方面（见图1-1左）。

- 食：品尝当地特色美食，不仅可以满足口腹之欲，更是一种文化体验。

- 住：选择舒适、干净、安全的住宿环境，可以保证游客在旅途中得到充分的休息和放松。同时，不同的住宿方式也可以为游客带来不同的体验，如民宿、酒店、青年旅舍等。

- 行：选择合适的交通方式，可以节省时间和精力，提高旅游效率。

- 游：游客可以通过参观景点、博物馆、历史遗迹等，了解当地的文化和历史，感受不同的风土人情。

- 购：游客可以购买当地的特产、纪念品等，作为礼物或自己收藏。

- 娱：游客可以参加当地的旅游演艺、互动游戏等，丰富自己的旅游体验。

六个要素相互关联、相互作用，共同构成了旅游的整体体验，促进了综合型、一站式的旅游服务与管理平台的发展。

随着社会经济的发展和人民生活水平的提高，旅游领域也在不断创新以适应旅游需求和市场的持续变化。近年来，逐渐形成的新的旅游趋势，包括"商、养、学、闲、情、奇"六个方面，也被认为是"新旅游六要素"（见图1-1右）。

- 商（商务旅游）：随着全球化进程加速和商务活动的增多，商务旅游成为一个庞大的市场，不仅包括传统的商务会议和展览，还涵盖了奖励旅游、公司团队建设等新型商务活动。

- 养（养生旅游）：随着人们健康意识的提高，养生旅游逐渐兴起，强调在旅游过程中注重身心健康，包括健康检查、体育健身、康复疗养等活动。

- 学（研学旅游）：随着人们对文化素养的关注而逐渐兴起，强调在旅游过程中融入学习和教育元素，使游客在享受旅游乐趣的同时，也能增长知识、拓宽视野，提升素质。

- 闲（休闲旅游）：随着工作压力不断增大，人们越发重视休闲旅游，强调在旅游过程中放松身心、享受闲暇时光，包括海滨度假、乡村度假、城市休闲等形式。

- 情（情感旅游）：随着人们对精神需求和情感体验的重视而逐渐兴起，强调在旅游过程中满足人们的情感需求，提升幸福感，包括蜜月旅游、亲子旅游、家庭旅游等。

- 奇（探奇旅游）：随着人们对未知世界的好奇和探险精神的增强而逐渐兴起，强调在旅游过程中追求新奇、刺激和冒险，满足人们的探险欲望。

这些新的旅游六要素的形成不仅反映了现代旅游的新趋势和特点，也为传统旅游六要素的协同发展提供了新的方向，为旅游业带来了新的发展机遇和挑战（见图1-1）。

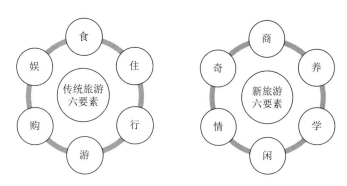

图1-1 传统旅游六要素（左）和新旅游六要素（右）

2. 旅游定义

然而，对本质的探讨需要脱离具体内容的限制，找到其共通性。从现象学的角度出发，旅游的共通性主要体现在空间、时间、目的（动机），以及服务机构和保障体系等方面。通过进一步探讨，可以衍生出关于旅游的各种定义的总结：

- 从时空转换的角度，世界旅游组织（UNWTO）在 1991 年召开的"旅游统计国际大会"上把旅游定义为：一个人旅行到一个其惯常居住环境以外的地方并逗留不超过一定限度的时间的活动，这种旅行的主要目的是在到访地从事某种不获得报酬的活动[①]。

- 从目的（动机）的角度，谢彦君等学者认为，旅游是个人以前往异地寻求愉悦为主要目的而度过的一种具有社会、休闲和消费属性的短暂经历。

- 从社会经济现象的角度，库珀等学者提出，旅游可界定为在吸引和接待旅游者和其他来访游客过程中，由于旅游者、旅游企业、东道地政府和东道地社会的相互作用而引起的各种现象和关系的总和[②]。

3. 旅游本质

可以看出，从不同的角度切入可以得到对旅游的不同理解。然而，属于"本质"的内容应该是规律性的、不受具体情况影响的部分。很多时候，人们对"本质"本身的理解都是相对模糊的。一般来讲，"本质"的内容是指抛开一切表象，事物真正所指的本初面貌。在西方哲学中，本质是最重要的范畴之一，甚至整个西方哲学史都是围绕对"本质"的探讨而展开。例如，对世间万物本质的探讨。泰勒斯认为"水是万物的本质"、赫拉克利特认定"火是万物的基本元素"，这与中国古代的"五行学说"不谋而合。德谟克利特认为世界的本原是原子和虚空。随着科学的发展，如今的量子物理更是从量子的角度，试图探讨如何用最简单的方程式来解释世界的本质。简言之，事物的本质应该是事物最简单的

---

① 详见《旅游统计国际大会建议书》。
② 详见《旅游学原理与实践》。

层次。那么，对旅游的认识，最简单的层次是什么呢？

根据马克思主义哲学的理论，旅游的本质是活动。以上"六要素"模型所提到的较为表层的内容皆是由旅游者进行旅游活动而产生的。既是"活动"，自然需要人的参与，并且在参与的过程中发生各种行为，例如，决策行为，购买行为，分享行为等。那么，行为是如何产生的呢？

4. 旅游需求

根据人本主义的主要发起者和理论家马斯洛提出的理论[1]，激励人产生行为的主要原因和动力是人的最迫切的需求。并且，随着外部需求（例如，身体需求）的满足，人的需求会逐渐向内在（例如，心理需求）得到满足转化。根据马斯洛的需求层次模型，人类潜藏着五种不同层次的需求：

- 生理需求（例如，对食物、水、空气等的需求）；
- 安全需求（例如，对人身安全、生活稳定等的需求）；
- 社交需求（例如，对亲情、友情、爱情等的需求）；
- 尊重需求（例如，对他人对自己的认可与尊重的需求）；
- 自我实现需求（例如，对天赋、能力、潜力等充分开拓和利用的需求）。

在低层次的需求基本得到满足以后，高层次的需求会逐渐成为推动人产生某种行为的主要原因。那么，如何用马斯洛需求层次模型来解释旅游需求呢（见表1-1）？

---

① 详见马斯洛的《人类激励理论》。

表 1-1　马斯洛需求层次模型与旅游需求的对应关系

马斯洛需求层次	旅游需求
生理需求	对旅行中衣、食、住、行等方面的基本需求 对机能补偿方面（例如，消除紧张、缓解压力）的需求
安全需求	对旅行安全的需求（例如，购买旅行保险）
社交需求	对旅行中社交活动的需求（例如，与旅游目的地居民的社交）
尊重需求	对旅行中获得尊重的需求（例如，希望得到旅游目的地居民的尊重）
自我实现需求	对旅行中开阔眼界、发挥个性、感悟人生价值、自我超越等方面的需求

　　基于生理需求，旅游者首先会产生保障生活的基本需求。例如，旅游者在旅行的过程中需要保障饮食，在到达目的地后需要保障住宿等。在基本需求得到满足的同时，游客可能还会对人体机能补偿方面产生需求。例如，为了缓解疲劳，旅游者会在旅行的过程中寻找阳光、沙滩、温泉、森林等旅游资源。

　　基于安全需求，旅游者同样也会在旅游的过程中产生对旅行安全的需求。因此，旅游者在出行前会被鼓励或要求购买相应的旅行保险，如果游客在异国他乡遇到突发状况（例如，突发疾病），能够获得一定程度的保障。此外，从旅游行业的监督和管理者的角度出发，为了维护旅游市场的安全稳定也做出了许多部署。例如，设置国家旅游咨询服务热线 12301、在旅游城市设置旅游警察负责处理专门的旅游相关事务等。

　　基于社交需求，人类作为群居动物，具有天然的社交属性，而这一特点在旅游中体现得尤为明显。旅游的本质是活动，而活动需要人的参与，并且由人与人之间的互动完成。例如，最基本的，旅游者在旅行的过程中会与旅游服务人员（例如，餐厅服务员、酒店前台、出租车司机等）产生互动。并且，随着社会的发展，旅游行业也发生了很多变化。

其中最主要的变化之一便是旅游的方式从观光游向深度游转化，旅游者经常在与旅游目的地居民的交流互动中深度体验当地的文化。不仅如此，结识新朋友、探亲访友、寻根问祖等旅游需求也是在社交需求的基础上衍生出来的。

基于尊重需求，人在社交的过程中需要获得尊重，并且这种尊重不仅包括他人对自己的尊重，同时也包括自己对自己的尊重。在旅游的过程中，"他人"既可以指旅游者在旅行的过程中接触的人（例如，旅游目的地居民等），也可以指与旅游者相关的人（例如，家人、朋友、同事等）。因此，旅游者在旅行的过程中不仅需要获得他人的礼遇，同时自己做到不卑不亢之外，还有通过所消费的旅游产品获得某种地位、声望或使他人仰望、羡慕的需求。例如，旅游者在社交媒体发布游记的行为背后就是这种需求在推动。

基于自我实现的需求，开阔眼界、体悟人生等本就是旅游的主要需求之一。旅游为游客提供了一个异于惯常居住环境的特殊环境。相对于"熟悉"的环境容易产生的"思维定式"，在相对"陌生"的环境里，人们受到的限制会减少，相应的自由度会增加。因此，有更多的机会发现自我、变现自我和实现自我。在旅行的过程中，旅游者往往会有以下体会：看到的世界越大，越觉得自己渺小；去过的地方越多，越能体会不一样的社会民生、经济文化等，也越能客观地感知世界，从而能够更好地接纳自然、自己与他人。不仅如此，马斯洛还认为人自然而然就有提升自己的内在动力，从而完成对自我的实现，甚至是超越。20世纪 60 年代末，马斯洛等心理学家提出了超个人心理学（Transpersonal Psychology），目的在于探求人类心灵与潜能的终极本源，涉及对人生价值、人类幸福、宗教体验等问题的讨论。随着消费升级，旅游领域越来越关注旅游情境在辅助和激发旅游者实现自我，甚至超越自我方面的功能实现。这种心理状态结构的改变，是旅游者在旅行的过程中通过与外部世界进行交互而获得的。在旅游领域，对这种"交互"的探讨通常与"旅游体验"相关。

5. 旅游体验

旅游的本质以体验为核心。"体验"作为哲学和美学领域的重要概念，最早于19世纪由德国哲学家狄尔泰在《体验和文学创作》一书中提出。"体验"一词德文原作 Erlebenis，源于 Erleben。在德文中，Erleben 中的 Leben 代表"生命"和"生活"。"体验"一词在 Leben 的前面加上具有能动意味的前缀 Er-，并由此合成 Erlebenis，充分体现了"体验"与"生命""生活"之间存在的密切联系。狄尔泰认为"体验是对生命的认识、证明，是把握生命的重要途径"。狄尔泰的哲学以"生命"为核心，认为生命即体验，试图从体验出发来解释一切历史和社会现象，考察人认识自己、他人、社会、历史、文化等内容的能力。在英文情境中，"体验"对应的英文单词为 Experience。然而，直接解释 Experience 一词可以发现，该词同时包含着"经历"与"经验"两层含义。"经历"强调的是主体的亲身参与，而"经验"则看重经历过后留存下来的结果，即所得或收获。继狄尔泰之后，德国哲学家伽达默尔在《真理与方法》一书中进一步对"体验"进行了详尽的解释。他认为体验形成的过程不仅要求某些东西被经历了，而且强调在经历之后能够获得某种意义，这些意义最终构成了对体验物的整体感知。因此，可以说生命在生活着的同时，也在经历着、收获着、体验着。此外，还有一些学者将"体验"与"经验"进一步区别。经验通常被认为是属于表层的、日常消息性的感官印象。而体验则指的是处于更深层次的一种内心世界与外物达到某种契合而产生的感受或顿悟，是一个心理过程甚至思想过程，是一个对生命、生存和生活意义的建构和解构过程。旅游领域对旅游体验的研究借鉴了很多历史先哲对体验的阐述。

继农业经济、工业经济和服务经济之后，体验经济的时代已悄然到来。体验和体验经济引起了人们的广泛探索。作为体验经济时代的先锋，旅游体验已经成为旅游业探讨的热点话题和核心要素。国外对旅游体验的研究最早可以追溯到 20 世纪 60 年代，旅游学者布斯汀（Boostin）从大众旅游者的视角将旅游体验定义为一种流行的消费行为，并且否定了这种旅游体验对"真实"的追求，是一种虚假的、做作的、刻板的体验。相对而言，麦肯奈尔（MacCannell）则将旅游体验视为人们为了克服生活中的困窘而追求的一种对"本真"（authentic）的体验。在此基础上，科恩（Cohen）进一步强调了以个人的精神世界为中心的、个性化的旅游体验，并将旅游体验划分为五种类型：休闲的（例如，观赏戏剧）、消遣的（例如，购物娱乐）、经验的（例如，旅游过程中的互动体验环节）、实验的（例如，新兴的旅行方式——旅居）和存在的（例如，宗教朝圣）[1]。

与国外相比，国内关于旅游体验的研究起步较晚，存在的问题与争议也较多。从内涵的角度讲，国内最早对旅游体验进行研究的学者之一谢彦君指出，旅游体验是"处于旅游世界中的旅游者在与其当下情境深度融合时所获得的一种身心一体的畅爽感受"。[2] 这种感受最突出的特点首先是具身性，即建立在具（体）的身（体）感知基础之上。从信息加工心理学的角度来说，若是将人比作一个复杂的信息处理系统，那么人获取外部世界信息的"接口"就是最基础、最外层的感官，包括眼、耳、鼻、舌、身等。在此基础之上，身体对信息的处理会形成视觉、听觉、

---

[1] 详见科恩发表于 1979 年的《旅游体验的现象学》。
[2] 详见谢彦君的《基础旅游学》。

嗅觉、味觉、触觉等感觉。并且，这些感官知觉与旅游者对身体所处的位置、姿势等与本体相关的感觉，以及身体移动时关节、肌肉等组成的运动觉等共同作用，为旅游体验的形成打下了基础。

"走出村巷走向田野，漫步在喜洲的乡间，糖果色的天空，白色的云团，延绵的苍山，泛着旧光影的白族民居老墙。

青翠的树，绿色的田野。

跑起来，还有风。"

（摘自马蜂窝）

这是一位旅游者在游记中的叙述。在这位旅游者的笔下，一个随性、悠闲、惬意的旅游世界被构建出来。这一切都是以旅游者调动身体感官对天空、云团、老墙、绿树、田野、微风等元素进行的敏锐感知为基础的。

那些年里的见山不是山，星辰大海，大抵是少年给自己赠的一场大梦，是横隔在现实前的岁月长河，梦醒了少年也就长大了。

可是少年不就是这样，有热烈而纯粹的梦，有说走拔腿就走的勇气，渴望一切同样美好的事物。而终于烟火气不是放弃了少年时的梦，而是在经历过一切后，才越发明白这才是生活。（摘自马蜂窝）

在身体感知的基础之上，结合记忆、想象、情绪、情感等更多的心理过程，旅游者最终会形成一种或多种复杂的、综合的旅游体验。所谓，以身体之，以心验之。

情境性是旅游体验的另一个突出特性。新华字典中对"情境"的解释包含两部分：情景和环境。首先，"环境"是构成情境的重要组成部分。旅游者对旅游世界的体验需要发生在具体的环境中。社会心理学中对"情境"的定义也强调了这一点："影响事物发生或对机体行为产生影响的环境条件。"同样，对"情境"的另一个重要组成部分"情景"的理解也包含两层含义：感情和景色，以及情形和情况。基于此，也有人将"情境"理解为："在一定时间内各种情况的相对的或结合的境况。"然而，结合旅游活动本身的特点，本人认为与旅游体验相关的旅游情境更多强调的是基于旅游景色而产生的情绪或情感。因此，可以将旅游体验的情境性理解为旅游者在旅行的过程中，通过置身于具体的旅游环境，欣赏独特的旅游景色，从而引发相应的情绪、情感的现象。正如唐朝诗人李白所作的《早发白帝城》一诗中所描绘的："朝辞白帝彩云间，千里江陵一日还。两岸猿声啼不住，轻舟已过万重山。"诗人置身于自然环境中，在欣赏了江山的壮丽多姿，体验了顺水行舟的流畅轻快的同时，激发了遇赦后愉快的心情。

根据古希腊哲学家亚里士多德"四因说"中的"目的因"，任何事物的存在都有其目的。那么，旅游者之所以进行旅游体验的根本目的是值得探讨的。根据谢彦君教授的说法，旅游体验以追求生理或／和心理上的某种愉悦感为目的。并基于此，对旅游体验进行了分类[①]（见表1-2）。

表1-2　旅游体验类型

生理	机能补偿体验： 阳光、沙滩、大海、温泉、森林
心理	关系补偿体验： 寻找孤独，逃避孤独 环境补偿体验： 对往事的缅怀，先人的崇拜，区域的神秘性 遁世性旅游体验，认知性旅游体验，极端旅游体验等

然而，值得注意的是，无论是对旅游体验的内涵、特征、还是类型的认识，在国内旅游研究领域都存在着来自不同角度的不同认知。例如，

---

① 详见谢彦君的《旅游体验研究———一种现象学的视角》。

就旅游体验类型而言，除了从生理和心理的角度对其进行分类，从旅游体验特征的角度，窦清将旅游体验分成 9 类：情感体验、文化体验、生存体验、民族风情体验、学习体验、生活体验、自然体验、梦想实现体验和娱乐体验。因此，对旅游体验的整体认知是一个复杂体系，需要具体问题具体分析。

在众多的旅游体验类型中，本书最为关注审美体验（Aesthetic Experience）的发展与构建。审美体验是旅游体验的本质类型。在人人向往美好生活的新时代，"美学"已经开始作为一种价值参照系，用来评价个体生命的一切活动。旅游作为大众向往的美好生活方式之一，面对旅游者旅游经历的日益丰富和需求的日渐高涨，逐渐将个性化、体验化，乃至情感化、"美"化的旅游服务列为重点研究和发展的内容。并且，试图借助文化的力量，充分挖掘文化内涵与价值融入旅游中，增强旅游者在旅行的过程中在精神层面的体验。在旅游领域中，无论是对民间工艺、民俗表演、民族音乐等文艺体验的促进，还是新兴旅游领域中的文学旅游、动漫旅游、影视旅游等猎奇体验的塑造，都依附于审美的重要作用。在文旅融合的大背景下，审美体验的相关理论和实践为促进旅游体验的发展提供了新视角。

在对审美体验的内涵与特征进行理解时，通常涉及两个角色：审美主体（例如，旅游者）与审美客体（例如，旅游吸引物）。审美体验产生于审美主体在观察和欣赏审美客体时，通过一系列的生理感知和心理过程共同作用，获得精神力量的过程。可见，审美体验的重点或终极目的在于作用于人的精神世界。根据前文探讨的马斯洛对人类需求的分析，人自然而然就存在着认识自我、实现自我甚至超越自我的本能。究其根本，这是一种心理状态结构的改变。审美体验通过打破人们原有的认知系统，对其精神世界实现重塑而成为体验与旅游体验追求的终极目标之一。

　　审美体验往往被认为是一种创造性体验。在审美体验形成的过程中，审美客体会在一定程度上激发审美主体的审美想象。想象（imagination）是人在头脑里对已储存的表象进行加工改造形成新形象的高级认知过程。审美想象借助文化、美学、艺术等凝聚了更多创造力的素材，挖掘创意价值，形成审美刺激，激发审美主体的深度思考，从而最终实现精神的重塑与自我的超越。

　　在狄尔泰的生命哲学中，他认为"诗"作为对社会生活以及作者丰富情感的高度凝练是个体生命体验的结晶[①]。诗歌中饱含着作者丰富的想象，并且借由想象进行情感的抒发和思想的表达。与文化旅游中赞颂的"诗和远方"不谋而合，认为旅游是一种人生的美学散步，是一种"诗意地栖居在大地上"的生活状态，追求的是美，是异地身心自由的体验，也是对生命自由和谐的追求。在旅游过程中，人们需要用一颗"诗心"去观照大自然与世界，与旅游审美对象进行诗意的对话，从而实现心灵的自由与超越。

　　正如宋代诗人陆游的《游山西村》中"莫笑农家腊酒浑，丰年留客足鸡豚"一句所描绘的诗人通过对山村自然风光与淳朴村民习俗的感知，产生了对农村田园生活的喜爱之情。同时，"山重水复疑无路，柳暗花明又一村"一句中，描绘了诗人在经历了山峦重叠、水流曲折的担心，以及柳绿花艳的眼前一亮、豁然开朗之后，参悟到"绝处逢生"的人生哲理，认识到人生变化发展的规律性，借此构建了自己虽然被弹劾罢官归故里，但是并未丧失信心，深信总有一天否极泰来的心境。因此，审美体验根本上表达的是一种诗意的、审美的旅游观。

---

　　① 详见狄尔泰的哲学著作《体验与诗》。

二、对旅游特征的认识

1. 异地性

旅游首先是人类的一种空间移动，并且，这种空间的移动不仅是地理位置的变化，同时也涉及不同旅游目的地中旅游资源的差异，差异越大，异地对旅游者的吸引力就越强。旅游者在进行旅游活动时经常是跨地区，甚至跨国界的。从该角度出发，旅游市场可以被划分为入境游、国内游和出境游等类型。

2. 暂时性

综合文献分析，许多与旅游相关的定义中都在时间层面强调了旅游这种活动的暂时性。例如，英国的伯卡特和梅特列克于 1974 年对旅游的定义中就指出[①]，旅游是旅游者短期暂时前往一个旅游目的地的活动。不仅如此，许多国家或地区进一步对"暂时"做出了更精确的界定，分布在 24 小时、6 个月、12 个月不等。例如，美国通用大西洋有限公司的马丁·普雷于 1979 年对旅游的定义中就强调国际旅游者在各个国家进行旅行活动的逗留时间超过 24 小时。

3. 社会性

旅游所体现出的不仅是空间和时间的变化，还涉及广泛的人际交往活动。尤其是随着自由行和自驾游等新兴旅游方式的出现，游客的自由

---

① 详见《旅游经济学：一种系统分析方法》。

度和自主性被进一步拓展，更加希望通过与当地的风土人情"亲密接触"来增强旅游体验。在 1972 年德国的蒙根·罗德对旅游的定义，即"那些暂时离开自己的住地，为了满足生活和文化的需要，或各种各样的愿望，而作为经济和文化商品的消费者逗留在异地的人的交往"，就强调了旅游的社会交往属性。从这一点出发，旅游业的经营不仅涉及经济目的，同时还担负着促进各地区、各国人民的相互交往，增进人民间的友谊和了解的重要任务。特别是在国际旅游中，旅游者应当能够做到尊重各国、各民族人民的宗教信仰和生活习俗，维护国家的声誉，促进国际的友好往来，充分发挥旅游外交的作用。

4. 综合性

旅游消费活动涵盖了"食、住、行、游、购、娱"等多个方面。因此，为满足旅游者多样化的旅游需要，旅游业也需要提供同样多样化的旅游产品。这决定了旅游业的产品是众多企业共同作用的产物。这些不同类型的企业，按照传统的产业划分标准分别属于若干相对独立的行业，但为旅游者提供产品和服务的业务纽带将它们联系在一起，形成旅游业内部各企业间的横向联系。随着旅游活动不断向深度、广度的进一步发展，旅游业综合性的特点会越来越显著。

5. 服务性

旅游业是以出售劳务为特征的服务性行业，在有形的旅游设施和产品基础之上，主要为游客提供无形的旅游服务，使游客在得到物质享受的同时，更能够实现精神上的满足。尤其在党的十九大之后，旅游业作为人们追求美好生活的主要方式之一，更加重视各种旅游体验给旅游者带来的滋养，甚至促进了新的旅游六要素的产生与发展。其中，尤其重视文化元素在旅游中的融合，乃至促进了我国传统文化活化的发展。

6. 敏感性

旅游是一种极易受到各种因素影响的活动。首先是来自各种自然、政治、经济和社会等外部因素的影响，会使旅游业在某一特定时期或地区内有很大的波动性。例如，2020 年新冠感染疫情的暴发，突如其来并迅速席卷全球，又恰逢本应是旅游热期的中国传统春节，为国内外旅游业造成了不可估量的巨大损失。同时，旅游业内部各组成部分之间，以及有关的多种部门、行业之间错综复杂的关系又形成了影响旅游业的内部因素。无论是旅游客源地，还是旅游接待地的各种微小变化都会在较大程度上对旅游需求发生作用，从而增加旅游业经营的不稳定性。

三、对旅游需求的了解

前文中，从旅游的活动本质出发，基于马斯洛的需求层次模型，分别从生理需求、安全需求、社交需求、尊重需求、自我实现需求等五个方面对旅游需求进行了一定程度的理解。在该认知框架之下，人们可以对具体的旅游需求内容展开思考。例如，人们旅游消费的不断升级，其背后的根本推动力是人们天然地具有自我实现的需求。

1. 旅游需求的定义

在旅游领域，旅游需求是指人们为了满足外出旅游的欲望所发生的对旅游产品的需求量，又指在一定时期内，旅游者愿意并能够以一定货币支付能力购买旅游产品的数量。简言之，就是旅游者对旅游产品的需求，这种需求不仅体现在旅游者对旅游产品的购买欲望，还体现在旅游者对旅游产品的购买能力，从旅游市场的角度强调的是一种适合的、有效的需求。因此，旅游需求既是分析旅游市场变化和预测旅游需求趋势的重要依据，也是旅游经营者制订经营计划和营销策略的出发点。

2. 旅游需求的特征

从一般的角度讲，旅游需求有着季节性、整体性、敏感性和多样性等特征。季节性主要是从时间的角度强调了旅游需求的季节性，其在时间规律上所体现出的强弱反差，一方面是由旅游目的地的地理位置和气候条件决定，另一方面又受到旅游者的闲暇时间的影响。整体性与旅游的构成要素相关，强调了旅游需求是集"食、住、行、游、购、娱"为一体的整体需求。相对旅游本身所体现出的敏感性，旅游需求的敏感性主要关注舆论导向的影响和作用。所谓舆论，其简单定义是指："社会中相当数量的人对于一个特定话题所表达的个人观点、态度和信念的集合体。"由于舆论会对旅游者的思想和行动产生重要的影响，因此受到旅游领域的广泛关注。对于旅游者来讲，其舆论导向的主要来源之一是亲朋好友的影响。此外，随着以互联网、移动互联网为基础的新一代信息技术的飞速发展和普遍应用，以及在社交网络技术的支撑下人们激发出的分享欲望的驱动下，涉旅企业的网络宣传和旅游大众的评论意见也已经成为构成旅游需求敏感性的重要来源。旅游需求的多样性是指从具体内容的角度讲，人们在选择旅游目的地、旅游方式、旅游等级、旅游时间和旅游类型等方面存在的差异性。

此外，在消费升级的刺激下，旅游者的需求也逐渐体现出了新的特征。其中，以旅游需求的逐渐自由化、个性化、休闲化、主题化和深度化等特征尤为突出。在旅游信息极大丰富的新时代，旅游者借助各种信息技术手段逐渐掌握了旅游的自主性和主动性，体现为自由行、自助游、自驾游等新旅行方式的兴起。旅游的消费升级其中一个重要体现就是游客对服务体验的要求升级。随着大众旅游时代的到来,人们的要求却越来越"非大众",满足个性化需求的旅游服务逐渐成为旅游企业的核心竞争力。在这样的需求驱动下,面向个人、家庭或小团体的旅游定制服务成为旅游市场的热门首选(例如,无二之旅)。并且,许多旅游企业借助大数据、人工智能等高科技手段(例如,游客画像)可以实现精准定位游客需求,从而为其提供真正个性化的旅游服务(例如,穷游网的行程助手)。相对于节奏紧凑、舟车劳顿的传统旅游方式,旅游者现在更需要通过休闲化的旅游来缓解工作和生活中的压力。这种需求不仅体现在身体上的休息、消除体力的疲劳,而且需要精神上的慰藉,获得文化的滋养。以静态旅游这种新兴的旅游方式为例,旅游者可以坐在草地上静静地感受轻风、阳光,也可以望着星空产生无尽的遐思,通过与大自然的亲密接触,获得生理和心理的双重疗愈。新时代旅游者的旅游需求还体现出主题化的特点。人民对美好生活的追求多体现在精神层面的追求,因此,需要以文化为媒介。旅游作为人民追求美好生活的方式之一,也十分重视文化在旅游中发挥的核心作用,越来越强调旅游产品中所蕴含的文化元素。随着旅游中文化题材的集中,渐渐形成了各种文化主题,促进了主题旅游的产生和发展(例如,冰雪旅游、乡村旅游、红色旅游等)。并且,随着旅游的潜力被进一步开发,旅游市场已经呈现多元化、跨界发展的趋势,更多的文化内容被纳入旅游领域中,从而形成了许多旅游发展的新方向(例如,动漫旅游、电竞旅游等)。旅游需求主题化的特征也影响了其向深度化转变。所谓"深度"就是指要深入某项旅游主题之中去,对某项专题或某一目的地进行深入的观察与了解。并且,越来越多的旅游群体(例如,社会名流、白领、商务族中的富裕群体、工薪族中的知识群体、银发族的高收入空巢家庭等)希望在此基础之上，通过旅行中的各种体验，对旅行本身的意义、甚至生命的意义进行深度思考。正如明代旅行家徐霞客所说："脚下的路，也是心中的路。"

3. 旅游需求的影响因素

对旅游需求产生影响的因素有很多，总的来说，可以划分为内部因素和外部因素两种。从内部因素的角度出发，主要关注的是旅游者个人的条件与情况对旅游需求产生的影响，包括：家庭情况、受教育水平、工作背景、经济状况、身体状况、文化水平、消费偏好、所在群体的同事，亲朋好友等提供的信息等因素。影响旅游需求的外部因素范围较广，涉及游客客源地因素（例如，客源地旅游宣传）、旅游目的地因素（例如，目的地交通条件），以及客源地与目的地之间的互动因素（例如，旅游资源之间的差异和距离），涵盖除旅游外，社会（例如，人口结构与分布）、政治（例如，政策和法律）、经济（例如，国民生产总值和货币汇率）、文化（例如，历史和民俗），科技（例如，网络基础设施建设）等多个领域的内容。

第二章 创意

在对"旅游"进行了一定程度的理解之后，接下来我们将进入"创意"的世界展开想象。在此处需要注意的是，需要尽可能脱离旅游这个具体情境的限制，转而关注"创意"本身和"天马行空"的想象带来的无尽可能，才能够达到打破固有思维、为旅游注入新活力的目的。创意已经成为现代社会发展的核心动力。从古至今，不管是东方还是西方，国内还是国外，对于创意的研究早已在多个学科领域展开，并且从未间断。

一、创意与创造力

"创意"或"创意的"在英文语境中对应的单词是"Creative"，作为形容词，当描述对象为"事物"时，主要用于表达：该事物具有创意的性质或特点。

包括以下几个方面的含义：

（1）新的（New）。根据"新"的不同程度，可以分为两类：一类描述的是该事物对某一个人来说是新的，即个人层面的创新。有关这一认知的相关理论，经常用于儿童创造力的培养。另一类则表示该事物对所有人来说都是新的，即社会层面的创新。例如，牛顿发现的万有引力，爱因斯坦提出的相对论都是史无前例的、具有开创性的理论；

（2）新颖的（Novel）。不仅描述该事物是"新的"，而且从内容上来讲表达"新的"有趣（Interesting），甚至是有一点奇怪（Strange）的成分；从特点上来讲强调"新的"与众不同（Different），也就是"个性化"。如今，在消费升级的大背景下，商品的极大丰富使得仅靠其功能属性已经很难有效打动消费者。"有趣、有料"也许比"有用、有效"更能激发消费者的需求。尤其消费者的代际变迁，直接导致了终端消费需求的变化。在新一代消费者的典型特征中，例如，多元的价值观，丰富的兴趣圈层，个性化的生活主张，都反映了当今社会对这一创意含义的需求；

（3）原创的（Original）。该特性强调的是某一事物的原创性，与对其他事物的模仿（Imitation）相对。根据其英文释义："new and interesting in a way that is different from anything that has existed before"，可以看出，该特性从一定程度上可以被认为是对以上两个特性的综合；

（4）艺术的（Artistic）。从事物自身的角度出发，"创意"所描述的对象往往与艺术（Art）或艺术作品（Work of Art）相关，使对"创意"的讨论往往集中于艺术领域。然而，随着当今社会物质生活的极大丰富，人们转而对精神生活日益关注，具体体现在社会实践中强调过程与体验，从而促使对"美"与"艺术"的关注与探索逐渐渗透到各个领域。

当描述对象是"人"时，主要用来形容：一个人是富有创意的，或具有创造的能力（the ability to create），即创造力（Creativity）。根据认知科学家玛格丽特·博登（Margaret Boden）关于创造力的解释①，有三种类型的创造力较为突出：

一是组合型创造力（Combinational Creativity）：通过将熟悉的事物进行不熟悉的组合，从而进行创意的能力。例如，谷歌眼镜（Google Glass）从某种程度上来说就是将人们所熟悉的眼镜与计算机进行了创新的组合；

二是探索型创造力（Exploratory Creativity）：在原有的概念空间（The Existing Conceptual Space）内探索新的可能性的能力。传统的科学研究大多基于的是探索型创造力。由概念与概念间的关系组成的概念空间，类似于人们的认知或知识系统。在某一个有限的概念空间内，随着创意的可能性不断被挖掘，对新的可能性的探索将变得越来越困难；

三是变革型创造力（Transformational Creativity）：通过改变条件（Condition），将原有的概念空间进行转换。在所形成的新的概念空间中，将会存在更多的可能性用于创意。近年来，学术和教育领域所提倡的学科交叉（Interdisciplinary）思想与其有相通之处，即鼓励人们从不同的学科视角去理解、思考，甚至是定义问题，基于不同的知识体系、思维模式等内容，可能会引入或激发不一样的认知和想法。

二、哲学与艺术的角度

早在古希腊柏拉图时代就已经开始了对于创造力的讨论。柏拉图发现，一些被认为是具有丰富创造力的诗人或者艺术家们往往不知道他们

旅游创意计算

① 详见玛格丽特·博登（Margaret Boden）的著作《创造力心智（The Creative Mind：Myths and mechanisms）》。

的灵感从何而来。而正是因为人们都没有办法解释这种神奇的现象，柏拉图则认为，既然创造者自己都无法解释创造力的产生，那么它一定是来自外界，是被"神"赋予的，只是借由人进行了艺术表达。当时的人们普遍认为，希腊神话中主司艺术和科学的女神缪斯是人们艺术创作时的灵感源泉。此时，对创意与创造力的讨论还停留于"神创"。

在经历了中世纪的黑暗时期后，迎来了人类思想解放史上的重要变革之——文艺复兴。"文艺复兴"的概念在14—16世纪时已被意大利的人文主义作家和学者所使用。当时的人们认为，文艺在希腊、罗马古典时代曾高度繁荣，但在中世纪"黑暗时代"却衰败湮没，直到14世纪后才获得"再生"与"复兴"，因此称为"文艺复兴"。文艺复兴最先在意大利各城市兴起，以后扩展到西欧各国，于16世纪达到顶峰，带来了一段科学与艺术的革命时期。其间，最主要的精神是人文主义，强调以"人"为本，来反对神的权威。为了反对蒙昧主义、神秘主义，人文主义强调对人自身的重视，提倡理性，认为人是有理性的动物，应该追求知识和探索自然，研究科学和唯物哲学。受人文主义的影响，文艺复兴时期的艺术风貌发生了巨大变化。该时期的艺术作品，集中体现了：主张个性解放，反对中世纪的禁欲主义和宗教观；提倡科学文化，反对蒙昧主义，摆脱教会对人们思想的束缚；肯定人权，反对神权，摒弃作为神学和经院哲学基础的一切权威和传统教条等人文主义思想。

例如，文艺复兴三杰之一的米开朗基罗的作品大部分是人体，不仅体现了对人体之美的赞美，其更深刻的意义在于反对宗教的虚伪，重视人及其现实的力量，理性地认识自身能力（不是上帝所赋予的，而是人生来就有的）。其最著名的雕塑作品之一——《大卫》，则展现了一个年轻有力的裸体男子形象，体态健美、神情坚定、肌肉饱满、有生命力，似乎能够感觉到人物身体血管的跳动，更突出了大卫作为一名英雄的高大形象。相较之下，达·芬奇更像是一位"科学家"，尊重科学知识，懂得利用科学技术。与其他人文主义者一样，达·芬奇对于人在宇宙中的位置这一问题很有兴趣。他主张"人"是衡量一切的尺度"man is the measure of all things"。这一点在其著名的素描作品——维特鲁威人中有非常突出的体现。画中描绘了一男子，他摆出两个明显不同的姿势，这些姿势与画中两句话相互对应。第一个双脚并拢、双臂水平伸出的姿势诠释了素描下面的一句话："人伸开的手臂的宽度等于他的身高。"另一个叠交在他身后的姿势是将双腿跨开，胳膊举高了一些，表达了更为专业的维特鲁威定律：如果你双腿跨开，使你的高度减小 1/14，双臂伸出并抬高，直到你的中指的指尖与你头部最高处处于同一水平线上，你会发现你伸展开的四肢的中心就是你的肚脐，双腿之间会形成一个等边三角形。画中摆出这个姿势的男子被置于一个正方形中，正方形的每一条边等于 24 掌长，而正方形被包围在一个大大的圆圈里，他的肚脐就是圆心。这幅素描中所画的男子形象被世界公认为是最完美的人体黄金比例，充分体现了抽象的几何学与观察到的身体现实的相互作用。

　　米开朗基罗、达·芬奇等一些文艺复兴运动的倡导者纷纷以作品的形式来表现对思想自由和解放的渴望，要求进一步打破中世纪以来宗教神学的思想束缚。他们的艺术作品大多是对自然界中事物的"摹写"（例如，人体），同时基于此，对自然界中不曾存在的事物进行大胆设想和创作。例如，米开朗基罗的人体不是按照真实人体的比例和姿态来塑造的，而是按照他的理想来创作的。《维特鲁威人》也是达·芬奇以比例最精准的男性为蓝本创作的男性身体的"完美比例"。这与古希腊哲学家亚里士多德关于"创造"的认识不谋而合。根据亚里士多德对知识的分类，艺术作为创造性知识的典型代表，以追求真、善、美统一的理想状态为目的，强调艺术对灵魂的净化作用。这些天才艺术家意识到自己可以创造自然界中没有的事物——"人创"，这正是人性光辉的体现。也许，这些所谓的"创造品"还处于初级阶段，但是可以清晰地看出他们对人类自身创造力探索所作出的努力。总的来说，在这个时期，个人的能力得到了极大的彰显，人的主体意识得到了进一步的发现。凡此种种，可以说"创造"在文艺复兴时期已经存在，虽然还没有完全清晰地显现出来，但是它已经确实地存在在那里了。

进入 19 世纪后半叶，作为启蒙运动时期最后一位主要哲学家、德国思想界的代表人物，康德在调和了笛卡尔的"理性主义"和培根的"经验主义"的基础上，提出了"批判哲学"。在其哲学体系中，康德将创造力与想象（Imagination）紧密地联系起来，进行了广泛探讨。他认为想象力是一种感性的创造力，并将创造力分为三种类型：

一是构成的感性创造力：在艺术家创作一个艺术作品之前，他必须先在脑海里构建出作品的轮廓，也就是利用想象力把艺术作品完成，然后付诸实践。

二是联想的感性创造力：将想象力视为一种表象的直观能力，当一个表象被产生出来，另一个表象也会产生。表象的这种联想关系如同一个关系网，在各个节点来回穿梭，在心灵中形成一种习惯。

三是亲和性的感性创造力："亲和性"是指有着同一基础的众多事物在根源上的协调。该创造力描述了通过逐级式地增加差异性而从每一个事物（种类）到另外事物（种类）的连续过渡。

此外，在《判断力批判》这一著作中，康德继续从"审美判断力批判"的角度，将艺术审美与创造力和想象力进行了联系。在康德看来，艺术审美是一种主体心理功能，也即审美判断力。在后续的探索中，康德进一步将这种心理功能解读为创造的想象力，并与知性力、理性力和鉴赏力进行综合作用。这四种心理功能以鉴赏力为尊，互相协调在一起，统一于情感判断。但是，康德认为艺术审美是先天的，即先于经验而存在的。因此，他在创作心理方面也强调天才，认为天才是先天的心灵禀赋，是艺术家独具的创造能力，导致其创造观念在分享、传播、传授等方面，有很大的局限性。

德国著名哲学家黑格尔也认为："创造性思维需要有丰富的想象。"黑格尔从一定程度上继承了康德的"天才说"，认为天才具有与生俱来的创造力。但是，他同时强调，仅仅依靠这种先天"与生俱来的资禀"是不能达到天才的创造的，还得在后天"再加上教育、文化修养和勤勉"。在他看来，任何一位真正的天才艺术家，内心都有一种自然的推动力，通过他"无须费力"的感知，将自己的思想或情感表现为艺术形象。例如，音乐家以乐曲来将他胸中鼓动的最深刻的东西表现为一个曲调，画家将他的情感马上变成形状和颜色，诗人将他的情感马上变成表象等。并且，黑格尔还指出，艺术家的这种能力不仅是一种想象力或幻想力，"而且还是一种实践性的感觉力，即实际完成作品的能力"。因此，各门艺术的艺术家都"需要广泛的学习、坚持不懈的努力以及多方面的从训练得来的熟练"，也就是先天的才赋和后天的技巧的结合。

与黑格尔的理性主义相对，以叔本华、尼采为典型代表的非理性主义也对想象力与创造力进行了探讨。在叔本华的意志哲学里，想象力的作用在于帮助创造者突破现实的束缚，拓展视域，无意识地、直接地去把握对事物的直观，从而形成独特的艺术感悟。尼采则是将创造力与人的身体联系起来，从身体的视角探讨创造力的动力与源泉。在他看来，艺术创造离不开创造者肉体的兴奋与冲动、身体的完满与充盈，以及生命的力感与勃发。传统哲学崇尚理性，忽视或回避身体在生命世界中的作用。尼采则将身体作为其艺术思想的出发点和落脚点，将艺术视为身体开展的创造活动，在此过程中，同时强调身体能量由于沉浸于艺术审美而得到强化，生命的激情得以被激发。

马克思主义哲学从实践的角度对创造力与创新活动进行了探讨。实践观是马克思主义哲学的核心观，是马克思主义认识论的基本观。在马克思看来，人类社会是一个不断创造着的世界，每个人都在力图去改变和创新这个世界。人作为改变和创新的主体，在马克思主义哲学中并不是一个抽象的概念或生理学描述的对象，而是把人视为一种感性的存在。他关注人的现实的社会行为或社会实践，认为人的本性体现在生产活动——实践，"个人怎样表现生活，他们自己也就怎样"。并且，人最本质的特点是创造性的生产活动，人类为了自身的发展，不断地进行创造。

三、智力与人格的角度

随着心理学的逐渐发展，人类创造力的相关研究也日趋系统化。在心理学界，创造力（Creativity）与智力（Intelligence）的关系曾经一度被讨论。智力被认为是人类认识、理解客观事物并运用知识、经验等解决问题的能力，是人类生存和发展的基本能力，受到传统教育体系的重视。为了衡量个人智力的高低，作为标准，智力商数（Intelligence Quotient，IQ）的概念被提出，并基于此，心理学家开发了很多智力商数的测量量表。然而，随着社会的发展，人们渐渐发现能够做出开创性的发明或发现的人往往在传统的教育体系中并不被看好。伟大的物理学家爱因斯坦便是最典型的案例之一。据说，爱因斯坦小时候性格内敛，言谈举止比较迟缓，没少受到同学的嘲笑，直到 9 岁时讲话还不很顺畅，就连教他拉丁文的老师，甚至都直接说出他一定不成器的论断。由此可见，仅靠传统意义上的智力并不能解决一切问题。美国著名认知心理学家罗伯特·斯腾伯格（Robert J. Sternberg）也是自小学起就常因智力测验得到低分感到困惑，因此长大后矢志研究智力测验，提出了著名的智力三元论（Triarchic Theory of Intelligence），试图从新的角度和框架下更加全面地认识人类智力。更重要的是，斯腾伯格还致力于人类创造性、思维方式、学习能力等领域的研究，提出了大量富有创造性的理论与概念，是当今研究创造力的权威。在他看来，智力不应仅仅涉及学业，更应指向真实世界的成功，因此在智力三元论的基础上提出了成功智力理论（Successful Intelligence）。成功智力是一种用以达到人生中主要目标的智力，更注重在实践中表现的能力，而不单单看在学业考试中是否取得高成绩。斯滕伯格认为成功智力包括三个方面：

（1）分析智力，涉及比较、判断、评估的分析思维能力；

（2）创造性智力，涉及发现、创造、想象和假设等创造思维能力；

（3）实践性智力，涉及使用、运用知识的能力。

成功智力是一个有机整体。"提出问题，解决问题"通常是我们思考的思路或逻辑。同时，也揭示了解决问题的关键在于如何提出一个有效的问题。此时，根据成功智力理论，首先需要发挥创造性智力的功能找对问题。在此基础上，用分析性智力发现好的解决办法，并用实践性智力来解决实际问题，只有这三个方面协调、平衡时才最为有效。

除了从智力和思维的角度切入，对创造性人格（Creative Personality）的研究也是心理学界研究创造力的主要方向。通过对具有创造性人格的人所具有的特点进行分析总结，可以发现很多被认为是具有创造性的人大多具备一些共同的特点，例如，幽默感，对歧义的容忍和健康的情感等。

四、思维与认知的角度

笛卡尔提出的"我思故我在",从一定程度上揭示了思考是人类的本质特征。因此,心理学中,对创新与创造力的讨论也多从思维的层面展开。目前,对创新思维的研究已经涉及了多种思维方式(Thinking),比较典型的包括:

(1)发散思维(Divergent Thinking)。发散思维是一种扩散状态的思维模式(见图 2-1),体现了创造性思维最主要的特点。其关键点在于如何由发散点向外扩散,即发散方法。如果发散点是一个客观存在的物体,可以从基本属性的角度切入进行发散。例如,以"饼干"为发散点,可以从形状(圆形、方形、字母形、数字形、动物形等)、颜色(黄色、橙色、棕色、绿色等)、口味(咸味、甜味、草莓味、牛奶味、巧克力味等)、原料(芝麻、花生、核桃、香芋、紫薯等),甚至功能(零食、佐餐、原料、礼物等)等角度进行发散,从而寻找对其进行创新创意的可能性。如果发散点是一件事(活动或现象),常用的发散方法包括原因发散和结果发散。例如,以"全球变暖现象"为发散点,其变暖原因可能包括大气污染、人口剧增、森林资源破坏、海洋环境恶化等;其变暖导致的结果可能包括极端气候频发、冰川融化、海平面上升、山脉变高、物种收缩、病毒细菌肆虐等。这种思维经常用于分析和总结活动或现象背后的规律,从而提出改善、解决或创新的高效方案。如果发散点是一个抽象的概念,则经常基于概念间的关系进行发散。例如,以"送别"为发散点,与之相关的概念可以是消极的(例如,伤感、惆怅等),也可以是积极的(例如,开朗、乐观等)。这一点在中国的古诗词中有着比较突出的体现。送别诗是一类比较典型的古诗词类型。其中,有抒发伤感情怀的，例如，"执手相看泪眼，竟无语凝噎"；也有表达乐观开朗情怀的，例如，"海内存知己，天涯若比邻"。总的来说，发散思维这种思维方式旨在鼓励人们从不同的角度进行思考，以获得对某一事物更为全面的认识。

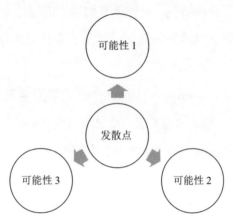

图 2-1　发散思维

（2）聚合思维（Convergent Thinking）。与发散思维相对，聚合思维是一种收敛性的思维方式（见图 2-2），旨在把扩散的思路聚集成一点。聚合思维的关键点同样在于如何聚集，即聚合方法。归纳法是最为常用的聚合方法之一，在收集的丰富资料的基础之上，通过比较与归类、分析与综合、抽象与概括等方法的整理，最终归纳出不同事物的一般性规律——演绎法。并且，发散思维往往与聚合思维配合应用，使由发散点向外扩散出去的各种可能性能够整合成为一个用于实际解决问题和进行创新实践的逻辑结论。

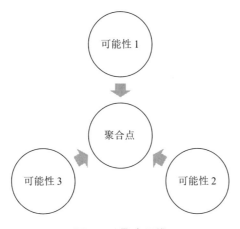

图2-2 聚合思维

（3）横向思维（Lateral Thinking）。横向思维是一种"水平"的思维方式，强调拓展思维广度，使人们"冲出匣子"（thinking out of the box），打破思维局限。这种思维模式往往关注问题本身。固有思维模式的跳出往往始于对问题本身的质疑，甚至重构。我国古代田忌赛马的故事充分体现了横向思维模式。战国时代齐将田忌与齐王赛马，孙膑所出主意"今以君之下驷与彼之上驷，取君上驷与彼中驷，取君中驷与彼下驷"，便是跳出了原有的赛马逻辑，另辟蹊径，最终使得田忌三盘两胜，得金五千。横向思维的提出者爱德华·德·波诺教授（Edward de Bono）是法国心理学家，牛津大学心理学学士，剑桥大学医学博士，更被誉为"世界创新思维之父"。德·波诺教授关于横向思维的研究成果，已经形成了许多课程（CoRT思维训练课程）和著作（例如，《六项思考帽》），在世界范围内被广泛应用。

（4）纵向思维（Vertical Thinking）。与横向思维相对，纵向强调思维的深度。这种思维模式通常指传统意义上的逻辑思维，需要针对问题进行逻辑推理，通过逻辑递进的方式探寻问题的解决方法。

（5）联想思维（Associative Thinking）。联想思维是通过将一事物与另一事物相互联系，寻求事物间相似或共同规律的方式，寻找问题的解决方案和创新途径。该思维的关键点在于对不同事物进行联系的切入角度，不同的角度会产生不同类型的联想。其中，以相似联想，相关联想，对比联想和接近联想最为典型（见表 2-1）。

表 2-1　联想典型类型

联想类型	内容简介
相似联想 Similar Association	相似联想是从事物的特性角度出发进行的联想。任何事物都具有多种特性（例如，原理、结构、形状、性质、材料、意义、功能等），围绕事物之间相似的，甚至共同的特性展开联想，有助于加深对事物的认识和了解，从而寻找创新的可能。例如，基于原理相似，从蜻蜓的飞行原理可以联想到直升机的飞行原理。 基于事物之间的相似点或共同点，可以进一步衍生出两种典型的创新思维模式：比喻思维（Metaphorical Thinking）和类比思维（Analogical Thinking）。 比喻思维（Metaphorical Thinking）的基本逻辑是"将 A 比作 B"，即，通过与 A 事物有相似点或共同点的 B 事物来理解 A 事物，思考和解决相关问题。例如，人们通常将"时间"比作"金钱"，所以会有"花时间"的说法。并且，人们往往依赖于熟悉的简单事物（金钱）来理解更复杂和抽象的事物（时间）。比喻思维是在作为修辞手法的比喻基础之上发展而来的。越来越多的心理学研究表明，比喻在人们的思维过程中扮演了重要角色，所选择使用的比喻会极大地影响人们的认知。一个典型的案例是：在斯坦福大学的一项研究中，被试阅读了一段简短的文章，讲述了发生在假想中的一座名叫艾迪生的城市的罪行。其中一半被试看到的文章说，罪行就像"病毒肆虐"了这座城市。另一半被试看到的文章则稍有不同，说罪行就像"野兽征服"了这座城市。除此之外，其他内容都是一样的。虽然只是几个字眼的不同，被试对于应该怎样应对罪行的看法却大相径庭。当被问及解决方案时，那些读到"野兽"比喻的被试认为，应该用更具惩罚性的措施来解决问题，比如，判处更长时间的监禁。那些读到"病毒"比喻的被试认为，应该通过改革来解决罪行发生的根本原因。在如何解决罪行问题上，不同的比喻对被试观点所产生的影响是巨大的

联想类型	内容简介
相似联想 Similar Association	类比思维（Analogical Thinking）是在事物之间具有相似或共同特性的基础上，通过对比，从某一事物的某些已知特性去推测另一事物的相应特性存在的思维活动。一个典型的案例故事是：美国有个叫杰福斯的牧童，他的工作是每天把羊群赶进牧场，并监视羊群，不让它们越过牧场的铁丝栏杆到相邻的菜园里吃菜。有一天，小杰福斯因为太困，不知不觉在牧场上睡着了，导致羊群跑走，将菜园搅得一塌糊涂。这件事情发生后，杰福斯就在想应对方法。他发现在有玫瑰花的地方并没有更牢固的护栏，但羊群却从不过去，因为羊群怕玫瑰花的刺。如果在铁丝上加上一些刺就可以挡住羊群了！于是他先将铁丝剪成五厘米左右的小段，然后把他们绕在铁丝上当刺。接好之后他在放羊的时候发现羊群企图越过护栏，但多次被刺疼之后，再也不敢越过铁丝栏杆了，小杰福斯成功了。半年后，他申请了这项专利并获批准，后来这种带刺的铁丝栏杆便风行世界。小杰福斯就是用玫瑰花刺直接类比发明出带刺的铁丝网。这样一种解决问题的思路，本质上是将对问题的思考从一个领域转换到了另一个领域，过程中可能会涉及用新领域的知识来对事物或事件进行解释说明，这一点与变革型创造力有异曲同工之处，由此可见，类比思维在创造性思维中居于重要地位
相关联想 Related Association	相关联想是从事物间的相关性出发进行的联想。世界上的任何事物都与周围的事物存在各种各样的关系，比如，因果关系、包含关系、从属关系等。以因果关系联想为例，如早晨开门时，看到院子、马路都湿了，通常会联想到前一晚下了雨
对比联想 Contrast Association	对比联想主要指的是从一个事物的反面（例如，相反的特性、相反的关系）联想到另一事物。例如，由沙漠想到森林，由光明想到黑暗等。 对比联想对打破固化思维有着突出的作用。一个典型的例子是：美国人布希耐通过转换视角进行反向思维，将"丑"变成"美"，实现了商业上的巨大成功。布希耐是美国一家专门生产儿童玩具公司的董事长。一次，他在为公司陷入疲软而束手无策，感到心烦意乱的时候，驾车到郊外散步，看到几个孩子在玩一只肮脏而且异常丑陋的昆虫，简直到了爱不释手的地步。布希耐突然意识到，某些丑陋的玩物在部分儿童心中也占有一定的位置。于是，布希耐让公司研制一套"丑陋玩具"，并迅速推向市场，结果这些玩具带来了丰厚的利润
接近联想 Proximity Association	接近联想主要强调了事物之间在时间和/或空间维度上比较接近，当遇到一个事物时，会很自然地联想到另一个事物。例如，上午到了十一点半左右，人们一般会想到要吃中午饭了（时间接近）；到了王府井大街，大家往往会想到"新东安"商场、"北京市百货大楼"等（空间接近）

第二章 创意

（6）艺术思维（Artistic Thinking）。艺术思维主要是在艺术创作活动中寻找关于创造性思维的启示。艺术创作被认为是最能够突出体现创作者创造性思维的活动。因此，相关心理学研究的重点之一便是对艺术家的创作过程（例如，音乐家的音乐创作）展开分析。首先，从思维本身的角度出发，心理学家对在进行艺术创作的艺术家所处的思维状态进行了研究，并总结了一些典型的思维模式，例如，思维漫游或心智游移（Mind-Wandering）。处于该思维模式时，人的意识会不自觉地脱离当前的外部环境或任务，转而移动到内部的思维或体验中。这种意识体验也就是我们日常所说的"走神""发呆""白日梦"等状态。思维慢游之所以有助于创造性思维的形成，主要原因在于当人们处于这种思维状态时，人脑中不同神经网络之间会发生碰撞，从而导致神经元电信号的随机游走。这种随机性为创造力提供了火花，尤其是远距离神经元之间的连接容易促进新奇的想法或者不常规的解决办法的生成。这也许就是为什么艺术家们总是会做一些匪夷所思，但与他们本身的职业无关的事以寻求灵感。随着认知科学的发展，人们对于大脑、思维以及意识的探索更加科学化。多种神经影像技术（例如，fMRI 和 EEG）已经被广泛地应用于探索各种与创造力或创新思维相关的研究中，并取得了丰富的研究成果。例如，有关洞察力（Insight）或者顿悟感（Sudden Insight）的研究便是认知科学中对于创造力的一个主要方向。研究者通过观察发现，当人们产生灵感的时候，往往会伴随着一种瞬间或突然的感觉。中国文化中，许多的成语都表达了这种感觉，例如，豁然开朗、茅塞顿开、恍然大悟等。在西方，将这种创意的瞬间戏称为"Aha! Moment"。通过实验研究发现这种顿悟感同样也是由于距离较远的神经元细胞（例如，分别分布于左右脑半球）进行了意外的连接产生的。

其次，思维指导行为，行为构成实践。艺术思维是一个复杂的思维过程，其具体内容体现在艺术创作实践的方方面面。因此，基于对创作实践的分析，相关学者总结了创作过程模型。该模型将创作过程分为四个阶段，包括：准备阶段、孵化阶段、启发阶段、验证阶段（见图2-3）[①]。

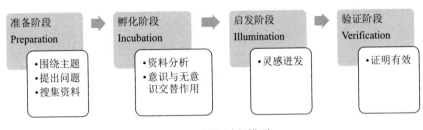

图 2-3　创作过程模型

当处于准备阶段（Preparation）时，围绕某一创作主题，创作者会提出问题，并收集相关资料。尤其，在进行资料收集时，强调资料收集的广度，鼓励从多个维度对相关的数据、信息、知识等内容进行积累。进入孵化阶段（Incubation），在广泛收集资料的基础上，需要根据问题进行资料分析。在这一过程中，重点在于意识（Consciousness）与无意识（Unconsciousness）的交替作用。当人们处于意识状态时，可以集中注意力去操作某件事，例如，基于收集的资料进行逻辑推理。当艺术家处于无意识状态时，会脱离当前的创作任务，进入自动思考模式。这种思维状态有两个突出特点：一是联想功能强大。当大脑不在注意力的作用下处于专注模式（Focused Mode）时，会容易进入较为放松的发散模式（Diffuse Mode），使得神经信号可以在脑内大面积移动，从而产生意外联想，有利于发挥创造性。二是这种思维状态的运行是 24 小时开启的，并且无法关闭。因此，当思考主体不再有意识地思考要完成的创造

第二章　创意

---

　　① 详见英国社会学家格雷厄姆·沃拉斯（Graham Wallas）的论文《思考的艺术（The Art of Thought）》。

任务时，可以在无意识状态中持续进行"思考活动"，充分发挥无意识思维状态在创造力方面的优势。之后，便会进入启发阶段（Illumination），也就是突然意识到问题如何解决的阶段，追求灵感迸发的关键时刻。这时，通常可以通过外部刺激，例如，散步、运动、洗热水澡等，让身体和大脑处于放松且活跃的状态，来促进灵感的形成。最后，将进入验证阶段（Verification），主要是验证"灵感"的有效性，即是否基于所得到的启发能够形成正确或适当的解决方案。

第三章 计算

技术应用已经成为经济社会发展的重要支撑。然而，人们对何为技术，什么是计算机技术，与信息技术是怎样的关系，与数字技术存在怎样的区别与联系等问题始终存在混淆和模糊。为使人们深入理解技术的应用，以及其对应用领域本身的作用与影响，本章将从"计算"这个与"技术"息息相关的本质概念入手，对以上问题进行逐步探讨。

一、数的运算

在汉语语境中，"计算"通常被认为包含"核算、运算"，"考虑、谋虑"以及"算计"等含义。

1. 核算、运算

《水浒传》第三九回："便唤酒保计筭（算），取些银子筭（算）还，多的都赏了酒保。"

2. 考虑、谋虑

《韩非子·六反》："故父母之于子也，犹用计算之心以相待也，而况无父子之泽乎！"

3. 算计

《北京人》第一幕："任何一句话，在她听来都藏着阴谋，算计。"

由此可见，对后两层含义的探讨和应用多集中于文学领域。而在本书中更偏向于将其作为数学用语，指代数的运算。

用来表示数的书写符号是数字。目前，世界范围内最常用的是阿拉伯数字。然而有趣的是，阿拉伯数字并不是阿拉伯人发明的而是印度人发明的，实际应该列为印度语言，只是先传播到阿拉伯被阿拉伯人用于经商而掌握，后传向西方以及世界，所以称为"阿拉伯数字"。在古代印度，进行城市建设时需要设计和规划，进行祭祀时需要计算日月星辰的运行，于是，数学计算就产生了，而且采用了十进位的计算方法，即，满十进一，满二十进二，以此类推。根据亚里士多德的说法，人类算数普遍采用十进制，可能跟人类有十根手指的生理特性有关。然而，数的运算却不仅只有十进制。在古代世界独立开发的有文字的记数体系中，巴比伦文明的楔形数字为60进制，玛雅数字为20进制。计算机技术则是基于二进制，即"0"和"1"的运算。

二、计算机技术

在英文语境中，"计算"通常与单词"Compute"相对应，并由此衍生出"Computer"和"Computing"等相关单词，意为具有计算功能的计算器。根据剑桥字典的解释，"Compute"被解释成"to calculate an answer or amount by using a machine"，即"（用机器）计算"。因此，"计算"与"计算器"有着紧密的联系。曾经，"计算器"主要指能够进行加、减、乘、除运算的机器。用机器进行计算的历史始于一台模拟机，能进行六位以内数加减法，并能借助对数表进行乘除运算。由于该机器是通过铃声输出答案的，因此被称为"计算钟"，由德国科学家施卡德（Wilhelm Schickard）于1623年建造。但不幸的是该机器在即将完成时被毁，现存最早的机械式计算器是法国数学家布莱士·帕斯卡（Blaise Pascal）在1642年制作的加法器，其计算原理对后来的计算机械产生了深远的影响。

如今，"计算"更多的是与"计算机"相联系，又称"电子计算机"，以二进制计算为基础。二进制的运算法则最早由德国哲学家、数学家莱布尼茨（Gottfried Wilhelm Leibniz）系统地提出，对200多年后计算机的发展产生了深远的影响。二进制（binary）是以2为基数的计数系统，通常用两个不同的符号0（代表零）和1（代表一）来表示。它跟逻辑运算可以无缝结合。由于逻辑运算操作数集合也只有两个元素，true和false，因此，可以用1表示true，0表示false，从而实现更加复杂的逻辑运算。逻辑运算是计算机科学的软件基础，门电路作为逻辑运算的物理表达，本来只能进行逻辑真假的计算。二进制的采用，使得算术计算能够以二进制的方式转换为逻辑运算，从而让门电路有了构建数字世界的可能。

1946年，世界上第一台电子数字计算机（ENIAC）在美国诞生。这台计算机由18000多个电子管组成，占地$170m^2$，总重量为30吨，耗电140千瓦，运算速度达到每秒能进行5000次加法、300次乘法。电子计算机经过了电子管、晶体管、集成电路（IC）和超大规模集成电路

（VLSI）四个阶段的发展，使计算机的体积越来越小，功能越来越强，价格越来越低，应用越来越广泛（见表3-1）。

表3-1　电子计算机发展简介

发展阶段	内容简介
第一代电子计算机	第一代电子计算机是从1946年至1958年。它们体积较大，运算速度较低，存储容量不大，而且价格昂贵。使用也不方便，为了解决一个问题，所编制的程序的复杂程度难以表述。这一代计算机主要用于科学计算，只在重要部门或科学研究部门使用
第二代电子计算机	第二代计算机是从1958年到1965年。它们全部采用晶体管作为电子器件，其运算速度比第一代计算机的速度提高了近百倍，体积为原来的几十分之一。在软件方面开始使用计算机算法语言。这一代计算机不仅用于科学计算，还用于数据处理和事务处理及工业控制
第三代电子计算机	第三代计算机是从1965年到1970年。这一时期的主要特征是以中、小规模集成电路为电子器件，并且出现操作系统，使计算机的功能越来越强，应用范围越来越广。它们不仅用于科学计算，还用于文字处理、企业管理、自动控制等领域，出现了计算机技术与通信技术相结合的信息管理系统，可用于生产管理、交通管理、情报检索等领域
第四代电子计算机	第四代计算机是指从1970年以后采用大规模集成电路（LSI）和超大规模集成电路（VLSI）为主要电子器件制成的计算机。例如80386微处理器，在面积约为10mm×10mm的单个芯片上，可以集成大约32万个晶体管 第四代计算机的另一个重要分支是以大规模、超大规模集成电路为基础发展起来的微处理器和微型计算机。微型计算机的性能主要取决于它的核心器件——微处理器（CPU）的性能。按照其处理信息的字长，CPU可以分为四位微处理器、八位微处理器、十六位微处理器、三十二位微处理器以及六十四位微处理器等等

三、信息技术

与"计算机"紧密相关的另一个概念是"信息技术"，可以说计算机技术的飞速发展极大地推动了信息技术的进步。顾名思义，"信息技术"首先是关于"信息"的技术。信息是我们日常生活中普遍应用的一个概念。然而，到底什么是"信息"？在计算机领域，对信息的理解通常与数据、知识、智慧等概念相联系，即 D（Data 数据）I（Information 信息）K（Knowledge 知识）W（Wisdom 智慧）金字塔模型，简称 DIKW 金字塔模型（见图 3-1）。

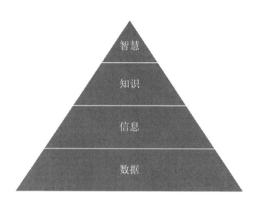

图 3-1　DIKW 金字塔模型

从 DIKW 金字塔模型可以看出，各概念之间关系紧密，并且呈现一种互为基础的关系，即信息以数据为基础、知识以信息为基础、智慧以知识为基础，是一种由数据产生信息、由信息产生知识、由知识产生智慧的逻辑。

根据定义，"数据"是未经加工解释的原始素材。可以认为它是对现实世界的简单记录。例如，一张故宫门票上就记录着："几个人，在什么时间，什么地点进入故宫，票价多少。"由此可见，对于"数据"而言，在没有对其进行加工解释之前，并没有反映任何特殊的含义。

因此，要想从数据中获得具体的含义需要对其进行加工解释，从而得到信息。例如，通过对一段时间内的门票进行统计分析，可以获得，比如来故宫游玩的游客中的男女比例，年龄分布等对于景区管理来说有价值的信息。可以看出，信息更像是对现实世界的一种描述，即"发生了什么"。

在此基础之上，下一个需要探究的问题是："为什么会发生？""知识"因此而产生。无论是理论推理还是实验探究，绝大多数知识的产生归根结底都是通过对大量数据和信息的分析和挖掘而得到的。例如，哥白尼发现日心说的过程首先始于长期的天文观测和记录。通过对积累的大量天文数据进行分析，哥白尼能够得到关于天体运行轨道的描述。基于亲自观测、记录和分析而得到的天体运行轨道的信息，哥白尼将其与前期学术界积累的、与托勒密的地心说宇宙模式相关的信息进行对比分析，进而发现问题。最终在大胆假设和小心求证的基础上，发现了日心说的宇宙模式。现如今，计算机技术已经被普遍地应用于知识挖掘，并且形成了一个专门的领域，即知识管理（Knowledge Management），致力于在知识经济时代，通过融合现代信息技术、知识经济理论、企业管理思想和现代管理理念，提出一种新的管理思想与方法。

在获得知识之后，如何运用相应的知识思考和解决问题是关键，由此涉及对"智慧"的理解。英文中经常与"智慧"相联系的单词是"Wisdom"，对应 DIKW 金字塔模型中的智慧，是对知识的运用，体现了一种高级创造思维能力。智慧的美妙之处在于，它并不受限于个体年龄和生理的制约，会随着我们的成长成熟持续累积，需要每一个人终其一生去学习和体验，更会随着群体乃至文明的发展壮大，自动传承和更新。

总的来说，从 DIKW 金字塔模型中可以看出，"信息"处于一个"承上启下"的位置。虽然，一切源于数据，但是仅有数据并不能产生任何的意义。数据的存在是为了能够产生信息。而知识与智慧的产生也源于对大量信息的分析和挖掘。《信息论》的创始人香农指出，信息是消除这个世界不确定性的核心媒介。因此，信息技术（Information Technology,

IT）作为科技领域的核心概念，提供了一个较为综合的框架体系，将许多先进科技都包含其中。

关于信息技术较为广义的理解是："一切与信息的获取、存储、处理、传播等相关的技术。"按照这个定义理解，包括口哨、暗号，以及中国古代典故"烽火戏诸侯"中所使用的烽火都可以被认为是信息技术的一种。因此，对现代世界的指导意义有限。这就涉及关于信息技术的狭义的理解，即现代信息技术的定义，主要包括：通信技术和计算机技术。通信，即互通信息，指人与人、人与物、物与物之间通过某种行为或媒介进行的信息交流与传递。通信技术是与通信过程中的信息传输和信号处理相关的技术。在现代通信技术中，人们常用的包括：网络通信技术、移动通信技术、卫星通信技术等。对于计算机技术来讲，在硬件层面除了持续提升性能之外，更加注重对移动设备、可穿戴设备、体感设备等新技术的研发探索。在软件层面，计算机技术的发展主要集中在对海量数据的处理以及智能算法和云技术的研究。现如今，对计算机技术的理解已经不仅限于硬件和软件，网络已经成为其不可缺少的一部分。在网络层面，移动互联网和物联网的构建已经成为计算机领域的重点研究内容。

值得注意的是，由于微电子技术的急速发展，通信技术与计算机技术已经逐渐融合，呈现了"你中有我，我中有你"的趋势。最典型的代表便是智能手机。在移动通信技术处于 1G、2G 阶段时，手机还处于普通手机阶段，只能用来打语音电话、发短信和彩信。在计算机网络技术的加持下，移动技术与互联网技术进行融合，形成了移动互联网，使得手机信号进入了 3G、4G 甚至 5G 时代，不仅能够进行视频通话，还能够上网冲浪。这时，手机已经进入了智能手机阶段。所谓"智能"，是指手机像个人电脑一样，具有独立的操作系统（例如，谷歌的 Android

系统和苹果的 iOS 系统），可以由用户自行安装应用软件（即 App），并可以通过移动通信网络来实现无线网络接入。

任何信息技术的最主要目的和功能都是打破信息的壁垒。只是，随着社会需求的复杂化和技术的高级化，"打破"的方式却在不断发生着变化。进入 21 世纪以来，随着前沿领域不断延伸，新一代信息技术已经成为全球关注的重点，并且催生出一系列的新产品、新应用和新模式，极大地推动了新兴产业的发展壮大，加快了产业结构调整，促进了产业转型升级，改变了传统经济发展的方式。新一代信息技术不仅使产品或服务与用户对接得更精准，其主动化、动态化、最优化、个性化的特点更为人所称道。就具体的内容而言，新一代信息技术首先包括以互联网为基础的移动互联网、物联网、云计算、大数据、人工智能等前沿科技（见表 3-2）。

表 3-2　新一代信息技术（基础层面）

具体技术	技术简介
互联网	即互联的网络，是指网络与网络之间所串联成的、基于通用协议的、可覆盖全世界的全球性互联网络。每个子网中都连接着若干台计算机。其中，由 TCP/IP 协议构建的因特网（Internet）是应用最为广泛的主干网络
移动互联网	是移动通信技术和互联网技术融合的产物，由运营商提供无线接入，互联网企业提供各种应用的电信基础网络。可让用户使用移动终端设备，在移动状态下，随时、随地、随身访问网络以获取信息和使用各种网络服务
物联网	即 Internet of Things，简称 IoT。英文中"Things"几乎可以指代任何事物；"of"表示一种从属关系；"Internet"特指互联网。由此可以认为物联网是"万物相连的互联网"。物联网是在互联网基础上延伸和扩展的网络，通过将各种信息传感设备与互联网结合形成的一个巨大网络，实现在任何时间、任何地点，人、机、物的互联互通

具体技术	技术简介
云计算	即 Cloud Computing。"云"实质上是一个能够提供计算资源的网络。基于互联网的连接，云计算将各类计算资源（例如，大规模服务器）集合起来，通过软件实现自动化管理，为用户提供服务。使用者通过网络可以以一种随时获取、按需使用、随时扩展、按使用付费的方式获得所需的资源。按照资源的不同类型（例如，硬件、平台和软件），云计算可以为用户提供基础设施即服务（Infrastructure as a Service，IaaS）、平台即服务（Platform as a Service，PaaS）、软件即服务（Software as a Service，SaaS）三种服务模式。IaaS 指把基础设施作为一种服务通过网络对外提供，并根据用户对资源的实际使用量或占用量进行计费的一种服务模式。在这种服务模型中，普通用户不需要自己构建机房或数据中心等硬件设施，而是通过租用的方式，利用互联网从 IaaS 服务提供商获得计算机基础设施服务，包括服务器、存储和网络等服务。PaaS 是指将软件研发的平台作为一种服务对外提供的服务模式。用户不需要管理与控制云端基础设施（包含网络、服务器、操作系统或存储），但需要控制上层的应用程序部署与应用托管的环境。SaaS 供应商将应用软件统一部署在自己的服务器上，客户可以根据工作实际需求，通过互联网向厂商订购所需的应用软件服务，按订购的服务多少和时间长短向厂商支付费用
大数据	即 Big Data。大数据相对于普通数据体现出 4V 特性，也就是体量大 Volume、种类多 Variety、价值高 Value 和速度快 Velocity。由于互联网的普遍应用，以及移动互联网和物联网的飞速发展，由人和机器等产生的数据持续呈爆炸式增长。不仅产生了大体量的数据，并且数据的种类也得到了极大的丰富。其中，文本、图片、音频、视频等较难分析和处理的非结构化数据增量明显。在云计算和智能算法的加持下，大数据技术不仅能够对复杂数据进行高速处理，而且能够深入挖掘海量数据中蕴含的巨大价值
人工智能	即 Artificial Intelligence，简称 AI。人工智能的核心理念是用机器来模拟人类智能，从而能够更好地解放人类劳动，让人类能够生活得更好。人工智能的实现基于大量对人脑的研究成果，并结合了语言学、心理学，甚至哲学等多学科知识，形成了机器学习、语言识别、图像识别、自然语言处理和专家系统等研究方向。如今，在我国，人工智能已经广泛地应用在了安防、金融、医疗、教育、零售、机器人以及智能驾驶等领域

值得一提的是，新一代信息技术不仅包含互联网、移动互联网、物联网、云计算、大数据、人工智能等内容，在其基础之上还激发和衍生出许多新兴的前沿科技。其中，旅游领域较为关注的技术包括：

第三章 计算

3D/4D/5D，弧幕 / 环幕 / 球幕，互动投影，全息投影，超高清技术，全景技术，VR/AR/MR，体感技术，可穿戴技术等（见表 3-3）。

表 3-3 新一代信息技术（与感官相关的应用层面）

具体技术	技术简介
3D/4D/5D	3D 即 Three Dimension 的简称，也就是三维技术。其中，3D 显示技术是主要的类型之一。与普通 2D 画面显示相比，3D 技术可以使画面变得立体逼真，图像不再局限于屏幕的平面上，仿佛能够走出屏幕外面，让观众有身临其境的感觉。其中主要利用了人眼的视觉规律，通过让人眼左右分别接收不同画面，大脑经过对图像信息进行叠加重生，从而构成一个具有前—后、上—下、左—右、远—近等立体方向效果的影像。目前，3D 显示的实现方式可以分为眼镜式和裸眼式两大类。影院中的 3D 电影主要以眼镜式为主。 4D 即 Four Dimension 的简称，也就是四维技术。四维是在三维的基础上发展起来的。根据闵可夫斯基的理论，在三维的空间概念基础上加上时间概念，从而将时间与空间相结合就形成了 4D 时空。人类处于现实社会往往会忽略时间的流逝带来的变化。时间维的加入能够突出与时间相关的变化规律。在各种先进技术的加持下，时间维的作用可以得到充分利用。例如，在观看普通电影时，观众往往处于一种"旁观者"的角度，独立于电影所创设的情境，所得到的观影体验是相对"静止"的。4D 电影则可以根据影片的时间脉络精心设计出烟雾、雨、光电、气泡、气味、布景等变化效果，为观众带来视觉、听觉、触觉、嗅觉等全方位的感官刺激，加强观众的参与感，丰富观众体验。 5D 即 Five Dimension 的简称，也就是五维技术，目前主要应用在了 5D 电影的制作，在四维的基础上增加了动感座椅，配合着烟雾、雨、光电、气泡、气味等环境特效，进一步增强观众的感官刺激和观感体验
弧幕 / 环幕 / 球幕	弧幕 / 环幕 / 球幕指的是呈现弧形、环形、球形等形状的屏幕或幕布，配合多台投影机组合而成的多通道大屏幕展示系统，是一种全新的视觉展示技术。它们比普通的标准投影系统具备更大的显示尺寸、更宽的视野、更多的显示内容、更高的显示分辨率，以及更具冲击力的视觉效果，主要用于为用户构建沉浸式的观赏体验
互动投影	是指把图形、影像、动画等多媒体互动效果投射到地面或是立面的投影技术。当参与者走过投影仪覆盖的区域时，通过系统识别，可将参与者的动作、行为等融入互动效果画面，让参与者能够与画面中的内容进行实时交互，可为参与者模拟一种虚实结合、似真亦幻的交互式互动体验
全息投影	属于 3D 技术的一种，主要用于记录并再现物体真实的三维图像。"全息"来自希腊字"holo"，含义是"全部信息"，致力于记录和展示物体的全部信息，营造一种更加逼真的效果。随着科幻电影与商业宣传的引导，全息投影的概念已经逐渐延伸到展览展示、舞台表演等活动中

具体技术	技术简介
超高清技术	是指具有 4K 及以上（例如，8K、16K 等）分辨率的信息显示技术。其中，超高清视频内容的制作是主要研究方向之一。尤其在具有高带宽、广连接、低延时特点的 5G 技术的加持下，超高清视频的内容和传播方式得到了极大的丰富，进一步推动了"信息视频化，视频超高清化"的发展。并且，超高清视频与 AI、VR 相辅相成，可为二者带来更清晰的图像与海量数据。为促进超高清技术的发展，2019 年 3 月，工业和信息化部、国家广播电视总局、中央广播电视总台联合发布了《超高清视频产业发展行动计划（2019—2022年）》
全景技术	全：全方位，全面地展示了 360° 球形范围内的所有景致。景：实景，真实的场景，在真实照片基础之上拼合得到的图像，最大限度地保留了场景的真实性。360：360° 环视的效果，虽然照片都是平面的，但是通过软件处理之后得到的 360° 实景，却能给人以三维立体的空间感觉，使观者犹如身在其中。全景技术为内容在真实性的基础上又增加了"可操作，可交互"的功能，从而实现全方位互动式观看真实场景的还原展示
虚拟现实（VR）	即 Virtual Reality，简称 VR，其目的在于为用户构建虚拟的环境，用以模拟现实的场景，营造沉浸式体验。同样是对现实的虚拟，相较于全景技术基于的是高清相机拍摄的实景照片，VR 则是利用 maya 等计算机软件制作生成的
增强现实（AR）	即 Augmented Reality，简称 AR，是一种将虚拟信息叠加到真实世界的技术，其目的在于为用户构建一种超越现实的感官体验。AR 能够将原本在现实世界一定范围内很难体验到的实体信息进行模拟仿真，通过实时地计算摄影机影像的位置及角度并加上相应图像的技术进行叠加，从而将虚拟的信息应用到真实世界并与用户进行实时互动
混合现实（MR）	即 Mixed Reality，简称 MR。与 AR 相对，MR 是一种将现实信息叠加到虚拟世界，并最终实现与现实世界的高效交互和信息的及时获取的技术，其目的在于为现实世界、虚拟世界和用户之间搭起一个交互反馈的信息回路，以增强用户体验的真实感
体感技术	是一种能够对身体的肢体动作进行感知的技术。体感技术属于一种新兴的互动技术，能够让用户在不借助任何复杂的控制设备的情况下，仅靠肢体动作与周边的装置或环境互动，从而为用户提供一种身历其境的互动体验
可穿戴技术	能够让科技设备直接穿在用户身上，或是整合进衣服或配件。目前，市场主要包括：智能手表、头戴式显示器、可穿戴相机、智能手环、智能服装、心率胸带、运动手表、智能蓝牙耳机等可穿戴设备类型；可以实现包括：生物认证、精确动作识别、移动健康监测、智能教练、个人助理、VR/AR 等多种功能

四、数字技术

与信息技术紧密相关的另一个概念是数字技术。其中，"数字"二字主要指的是二进制中的数字"0"和"1"。因此，数字技术的内涵在于将物理世界转换为计算机可处理的内容，基于计算机强大的分析和处理技术，实现更为复杂的功能。例如，传统的电视处理的主要是模拟信号，由于其易受干扰和损失等缺点，已经逐渐被数字信号替代。随着计算机技术的普及应用，数字信号的传播和处理都变得更加方便和高效，不仅能够呈现清晰的图片和逼真的效果，还能制作更加丰富的节目内容。网络电视的出现则进一步推动了计算机网络技术与电视技术的结合。网络电视既保留了电视形象直观、生动灵活的表现特点，又具有了互联网按需获取的交互特征，是综合两种传播媒介优势而产生的一种新的传播形式。

通过数字技术，能够将现实的物理世界在计算机系统中进行映射，在强大运算能力的加持下，实现更加高效的甚至智能化的运行和管理。其中，最为典型的数字技术应用方向之一是数字孪生（Digital Twin），基于数据感知、模型构建、分析推理、决策支持等过程，可以从数字空间的角度对物理世界进行解释。例如，应用于深圳腾讯新总部大楼的智能管理系统——卯时系统，便是基于对数据的感知、传递和分析所得到的信息流，实现对整栋大楼的运行状态（比如，餐厅人流，地下停车场占用率等）的实时掌握，并在此基础上整合多个管理系统（比如，火灾报警、安防监控等）对大楼进行精准、高效、智能的管理和控制。

数字技术对大众生活、社会发展、经济转型、国际竞争等方面有着积极的作用。以数字经济为例，数字经济时代是继以土地为生产要素的农业经济、以机器为生产要素的工业经济之后的，一种以数据为生产要素的新的经济社会发展形态。可以说，数字化带来了数据化。数据作为对世界的记录，是产生信息、知识、智慧的重要基础。数字技术的应用不仅极大地丰富了数据内容，而且提供了多维度、智能化的分析方法，为决策提供了有力的支撑，从而引导、实现资源的快速优化配置与再生、实现经济高质量发展。例如，于2021年年初落成的"海淀城市大脑"，为打造能够解决各种城市治理难题的"撒手锏"，将遍布街头的各种摄像头和各种设备上安装的传感器串联在一起，织成一张无所不在的数据"感知网"，同时结合了地理空间和卫星遥感视频图像等数据，以及接入了市区和区级相关部门的数据。在海量数据的基础上，海淀城市大脑目前已收集了近17万栋建筑物信息，建设了55个业务场景应用，在AI计算中心的加持下持续为城市的管理和服务不断输出智能化解决方案。技术维度上，城市大脑是综合利用人工智能、云计算、大数据等新一代信息技术，实现对城市治理和产业发展的全息感知、统筹调度、智能决策和精准服务的系统。随着新一代信息技术的飞速发展和普遍应用，我国将全面迈入数字经济时代。目前，数字技术已经被广泛地应用在了城市管理、交通、能源、建筑、制造业、健康医疗、环境保护、农业、文化、教育、信息安全等领域。在数字化的刺激之下，"新零售""新制造"等已经成为热点话题。数字技术对生活方式、产业结构与经济发展带来的巨大变化，也在很大程度上重塑着人的认知与思维方式，甚至人类文明，这让我们不得不对技术引导下的转变进行深入的思考。

第四章 旅游与计算

在分别深入理解"旅游""创意""计算"含义的基础之上，通过将各要素进行两两交叉融合，我们可以有机会看到各要素对彼此之间产生的相互渗透、作用与影响，从而为探索三者的深度融合提供基础。首先，是对"旅游"与"计算"之间相互融合的思考。

一、在线旅游

"计算"所包含的内容在旅游领域的渗透始于计算机的应用。首先，办公自动化为旅游企业和管理部门提供了高效的运作模式。随着互联网的普及，不仅进一步加强了内部各部分之间的联系，同时也与外部各组织、机构之间构建了信息渠道和沟通桥梁，使旅游产业效率得到了极大提升。

然而，旅游产业的繁荣不仅取决于效率的提升，其根本还在于对旅游服务质量的保障与创新。从旅游消费者的角度出发，计算机硬件、软件、网络技术的飞速发展与普遍应用首先为其带来了各类旅游网站和旅游信息的网络化。旅游者获取旅游信息的渠道得到了极大的丰富，使旅游者不再受限于以旅行社为典型代表的旅游中间商，从而对旅游这项活动掌握了更多的主动权，并且激发了许多自助游、自由行等新的旅行方式的出现。

　　除却对旅游信息的需求，旅游者还有进行旅游预订和购买的需求，进而催生了电子商务在旅游领域的发展，即旅游电子商务，其建设的核心包括：丰富的网络营销渠道与手段、支付功能的实现与保障，以及以高效地沟通交流为基础的客户服务。从营销的角度讲，移动互联网和移动设备的普及极大地促进了精准营销的发展。相比普通的互联网只能定位某台计算机，移动互联网和移动设备，尤其是智能手机的应用则能够直接定位到个人，从而使个性化营销成为可能，真正实现以客户为中心的营销思想。同时，以网络技术为基础的新媒体技术的飞速发展对营销方式的创新也产生着重要的影响。如今，微信、微博等社交媒体已经成为旅游营销的重要平台之一。从支付的角度讲，在网络技术的加持下，网上银行、手机银行、微信支付、支付宝支付等不仅为旅游提供了更加便捷、灵活的支付方式，并且能够提供基于社会信用体系的监督管理机制，为旅游支付的安全进行保障。不仅如此，网络技术的飞速发展还进一步影响了旅游金融产品的创新，为刺激旅游消费，尤其是针对经济相对拮据的年轻人，先后出现了旅游分期 / 白条、"先游后付"等旅游金融服务（例如，途牛的"首付出发"，驴妈妈的"小驴白条""小驴分期"等）。从客户服务的角度讲，基于网络技术，旅游企业和管理部门能够搭建更加高效的客户反馈机制，从而实现旅游服务的即时性、及时性，甚至实时性，从而进一步增强旅游体验。这一趋势不仅加速了中旅、中青旅等传统旅行社信息化的进程，同时也激发了携程、马蜂窝等在线旅行社的出现，更有百度、阿里巴巴、腾讯、美团、苏宁、拼多多等互联网企业利用科技的优势纷纷进军在线旅游市场。

　　随着智能手机和移动互联网的广泛普及和应用，移动用户的数量持续增加，移动端已经成为旅游行业的重要销售渠道，在线旅游已经进入移动旅游时代。"移动"功能的实现将对旅游服务产生颠覆性的影响，从而实现服务创新。各类旅游服务已经不能简单地根据其发生时间被归类为旅游前、中、后三个阶段。在移动技术的加持下，旅游企业可以实现随时随地为旅游者提供服务，不仅将旅游活动逐渐融入人们的日常生活，更是将旅游打造成人们追求美好生活的一种生活方式。

此外，基于移动 App 这种具有高度灵活性的应用形式，各旅游企业在服务种类方面进行了积极尝试和大胆创新，几乎已经形成了面向旅游者的全品类的、全方位的旅游服务体系（见图 4-1）。例如，想知道可以去哪里玩，可以参考马蜂窝内容平台上旅游爱好者的经验与建议；在规划具体旅游行程时可以寻求穷游网行程助手的专业帮助；当需要预订火车票/机票、酒店以及景点门票甚至导游讲解服务时，携程网可以为旅游者提供一站式服务。同时，科技的赋能也使旅游企业之间的竞争越发激烈。价格战等恶性竞争手段极大地消耗了旅游资源，影响着旅游生态的平衡与稳定。为解决这一问题，携程网作为旅游电商龙头，通过收购、控制、入股等多种方式，分别与同程、途牛、艺龙等竞争对手从"兵戈相向"转向"握手言和"，进一步加深了各旅游企业之间的联系，有效整合了旅游资源，促进了旅游综合服务平台的打造。

图 4-1 旅游服务 App

随着移动技术向旅游各个方面持续渗透，用户端（例如，智能手机、PDA、PC、App、网页等）已经成为收集旅游者信息的主要来源。对静态信息来说，相较于姓名、性别、年龄、教育/职业背景等具有一般性且相对容易获得的信息，移动技术的普及应用能够带来更具个性化特色（例如，微信昵称、微博签名等）、更私密（例如，身份证号码、指纹/人脸等生物信息）的旅游者信息。虽然，通过对这些信息进行分析处理能够加深对旅游者的认识，但是，随之而来的侵犯隐私等问题也逐渐引起大众的关注和探讨。相比静态信息，移动技术更突出的特点体现在对动态旅游者信息的收集。"移动"首先带来地理位置的变化，通过获取旅游者的地理位置信息，可以为旅游者提供基于位置的服务（Location Based Services，LBS），例如，景区内的导航功能。此外，"移动"还会带来地理空间的变化，而空间中存在着各具特色的旅游资源。通过对旅游者在空间中的游览轨迹进行分析挖掘，有助于旅游企业深入挖掘旅游者需求，更好地组织、规划旅游资源，提升旅游服务质量。

　　除了地理位置和空间信息，旅游者随时可能会发生变化的偏好也已经成为基于移动技术获取的主要信息内容。随着信息的壁垒被逐渐打破，面对丰富且庞杂的旅游信息，人们有了更多的选择，逐渐掌握了对旅游活动的主动权。但同时也增加了旅游决策的成本，更多的影响因素以信息为媒介对旅游者的旅游决策施加着影响（例如，网红效应等），并借此反作用于旅游偏好的改变（例如，分享已经成为当代旅游者的行为偏好）。然而，不仅是旅游偏好，旅游者的个性偏好（例如，兴趣爱好、生活习惯等）也在科技的支撑下实现了动态变化。例如，在网络电视、博客、直播、短视频等新媒体的影响下，人们的触媒习惯持续发生着变化。随着人们生活的重心向移动端转移，时间碎片化的概念逐渐被提出，为充分利用这一现象以及解决伴随而来的问题，短视频、短内容等碎片化的内容形态广泛地分布于互联网，逐渐催生出新的消费心态。未来，行业比拼的不仅是内容本身的品质与创意，更是模式的突破、迭代与适应性，甚至是在最短时间内吸引用户的能力。

面对瞬息万变的旅游市场，如何能够抓住市场、抢占先机是目前旅游企业面临的关键问题之一。在以游客为中心、以技术为抓手的旅游新时代，面对旅游者自身所带来的不确定性，如何利用先进的科技手段，对旅游者相关信息进行深挖，创新服务是目前主要的研究内容。随着旅游消费的升级，旅游者已经不再满足于大众化的旅游产品。因此，定制游等更加个性化的旅游服务成为关注的焦点，涌现出一批代表性的企业，例如无二之旅。尤其，大数据、云计算、人工智能等新一代信息技术的广泛应用，为深层剖析旅游者需求提供了更加系统、智能的解决方案。其中，用户画像技术基于对用户相关数据的分析和挖掘，通过"贴标签"的方式虚拟用户的性格、行为和形象，从而实现对用户数据的动态追踪，为旅游企业随时掌握旅游者动态提供了支持。

新旅游六要素（商——商务旅游、养——养生旅游、学——研学旅游、闲——休闲旅游、情——情感旅游、奇——探奇旅游）的提出从一定程度上预示着围绕着某一特定主题展开的旅游活动，即主题旅游逐渐成为旅游研究和发展的重点之一。旅游消费的升级不仅反映在旅游需求的个性化，还体现在不断涌现的新的旅游主题。基于互联网大数据，海量分布于网络上的用户生成内容（User Generated Content，UGC）成为深入挖掘旅游新主题的重要来源。从兴趣爱好出发的主题游时代已经到来。例如，由中国旅游研究院、携程旅游联合发布的《2020 国内旅游复兴大数据报告》指出，相比亲子游、爸妈游、蜜月游等大众旅游主题，登山、滑雪、潜水等户外旅游主题的受众群体越来越大，追求体验和自由的"野奢"主题逐渐兴起。此外，自从文化成为刺激旅游消费的核心要素，如何挖掘游客的深层文化需求从而增强文化旅游体验成为在线旅游，尤其是移动旅游的主要探讨问题。如今，科技与文化正在成为旅游业发展的主动能。

　　未来，随着 5G 技术的普及，移动旅游更多的可能性将被激发。首先，5G 技术将带来信息的视频化和视频的超高清化。基于移动平台的短视频和直播将成为旅游营销的主要方式。此外，5G 技术还将带来 AR 等虚拟技术应用的大爆发，让信息的呈现走向虚实融合，信息的交互走向由图像识别和手势识别等技术驱动的全新形态，从而为增强旅游体验提供更多的可能。尤其，在 AI 技术的赋能下，AR 等虚拟技术将实现对场景环境、物体、人物等更加精准的感知与识别，进一步实现虚拟信息与现实世界的完美融合和无缝连接，体验真实感和内容的数量、应用范围都将随之获得爆炸式提升。5G 技术的普及还将加速物联网的发展。在 5G "高带宽、低延时、广连接"的特性支撑下，更多的设备将能够被连入物联网，而不需要再担心控制延时等问题，有助于提升旅游管理的效率和服务的质量。例如，通过物联网，酒店现在比以往任何时候都更能定制客人的体验。从无钥匙进入个性化的床垫硬度和客人到来前的温度，智能科技为旅行者提供了旅途中"像家一样的舒适"。在 5G 技术的加持下，云计算、大数据、人工智能等先进技术的集成应用将为移动旅游的发展带来新机遇。例如，无人驾驶在海南呀诺达雨林文化旅游区的应用运用了 5G、边缘计算、车路协同、无人驾驶、AR 等大量前沿科技，将无人驾驶和 5G 应用进行有机结合。该项目依托联通智网的车路协同控制系统，使无人驾驶车能够及时感知周边环境，作出正确的驾驶判断，确保车辆安全稳定运行。同时，借助 5G 高速网络，联通智网开发的车辆运行监控系统可实时采集车内外高清视频和车辆运行的状态信息数据，景区工作人员可在监控中心利用该系统远程实时监控车辆的基础运行状态并采取相应措施，进一步保障了车辆运行的安全。不仅如此，随着无人驾驶逐渐进入大众日常生活，人们的旅行方式或将被彻底颠覆。

虽然移动旅游将在线旅游提升到了一个新的高度，然而随着人们对游客体验的关注，在网络技术的基础上逐渐发展了O2O、新零售等新概念，旨在通过布局线下体验店来补充线上游客体验的不足。就这一点的认识，对以携程为典型代表的在线旅游企业来说深有体会。前期，携程充分利用各种科技手段，致力于打造良好的线上用户体验，包括构建高效的客户反馈机制和客户服务体系（例如，携程微领队）等。但是，随着在线旅游服务的诸多问题逐渐显现（例如，中国旅游度假行业的在线渗透率仍然很低；难以提供更加细致的服务；始终存在一些难以通过线上渠道获取的客户，比如不会使用互联网的中老年人群等），携程开始逐渐意识到线下门店是对线上业务的一个很好的补充。2016年，携程宣布战略投资旅游百事通之后，市场里所有带上"新零售"字样的商业模式都一下子被视为风口浪尖。携程旗下全国门店数已有7000家，目前正以每周32家新店的速度开疆扩土。其他OTA（在线旅游机构）也纷纷开始在线下布局门店。据途牛财报披露，途牛去年一年里新增了345家门店。传统线下渠道商也在不断精耕细作，例如，凯撒旅游就在2018年和土耳其航空合作了国内第一家土耳其航空主题店。新兴事物总是能带来新机遇。在科技的助力下，旅游领域也在不断探索新的可能性。

二、数字旅游

网络技术的普及极大地促进了数字技术的发展与应用。2020年，文旅部等十部门联合印发的《关于深化"互联网＋旅游"推动高质量发展的意见》中提出，坚定不移建设网络强国、数字中国，持续深化"互联网＋旅游"，推动旅游业高质量发展。从历史视角看，现代旅游业的兴起与发展，始终离不开技术的赋能。自数字技术兴起以来，旅游业已经成为数字技术应用的重点领域。为助力数字中国的建设，旅游领域将推动"互联网＋旅游"的深化发展，持续提升旅游产业的数字化水平。前文中提到，数字技术的根本目的是用"0"和"1"来表示物理世界，从而能够被计算机处理，最终实现复杂功能。对旅游世界而言，数字技术的应用首先是对旅游资源的数字化。

对自然资源的数字化，其特点在于能够用定量的数据从多个维度来描述资源，并基于此对旅游中的自然资源进行数字化管理，实现更加高效的调查、评价、监控、规划、开发等功能。网络技术的普及进一步促进了物联网技术的发展，而物联网技术的应用也极大地加速了自然资源的数字化进程。物联网作为新一代网络技术，能够将各种信息传感设备，如红外感应器、全球定位系统、激光扫描仪等与互联网结合起来而形成的一个网络。通过装置在各类物体上的传感器、二维码等将物体与互联网相连，从而实现了人与物体、物体与物体之间的沟通和对话。例如，黄山风景区就通过应用物联网技术，通过布设在景区周边的物联网设备，实时采集迎客松周边环境的温度、湿度、土壤的水分、土壤的温度，光照等数据，并通过网络传送到景区指挥中心，指挥中心工作人员可根据这些数据对迎客松实现微细化保护管理。黄山风景区近年为更好地利用先进的数字化技术，实现景区保护管理与发展，积极探索诸如云计算、物联网等前沿新技术在景区保护管理中的应用。为此，黄山风景区在《黄山风景区数字化建设总体规划（2011—2015年）》中，专门对物联网在黄山风景区的应用做了详细规划。未来，物联网将能够在该景区的旅游管理、环境监测、灾害监测、旅游异常活动、动物生活习性监测等事项上为景区保护管理提供巨大的帮助，为打造国际精品旅游景区、建设世界一流旅游目的地目标注入新的助推剂。

　　人文资源可以进一步理解为"以人为本"的文化资源。随着文化和旅游的融合发展成为关注焦点，文化资源的数字化成为主要的结合点和切入点。一般来讲，文化内容可以分为有形文化（如建筑与文物）和无形文化（如建筑与文物背后蕴含的艺术、历史、风俗等内涵）两大类。相对于有形文化，无形文化有着更强劲的生命力和影响力，但无形文化要借助有形文化作为载体，才能起到更好的传播效果和教育意义，数字技术的应用使这一目标得以实现。在文旅资源开发中，通过积累建筑和文物的丰富文化数据（如高精度三维数据），建设"数字建筑"和"数字文物"等数字库，并在此基础上研究和挖掘无形的文化内涵（参考案例一数字敦煌和案例二 V 故宫），研发新型数字文旅产品（参考案例三清明上河图 3.0 和案例四故宫端门数字馆），用技术的视角重新定义建筑与文物，重新阐释蕴含的无形内涵。此外，人们不仅可以模仿已知的、有经验的各种事物，还可以创造性地模仿各种未知的、从未体验过的事物。特别是当这种模仿与 VR/AR 技术结合在一起的时候，所有的场景都栩栩如生，直入心境。于是，在由数字虚体构成的虚拟世界中，所有的不可能都变成有可能，所有的在物理世界无法体验和重复的奇妙、惊险和刺激场景，都可以在数字空间得以实现，最大限度地满足了人的感官体验和精神需求。

案例一　数字敦煌

项目简介

　　20 世纪 90 年代，时任敦煌研究院院长的樊锦诗提出"数字敦煌"构想，即利用计算机数字化技术永久且高保真地保存敦煌壁画和彩塑的珍贵资料。在 2003 年全国政协十届一次会议上，樊锦诗提交了《关于建设敦煌莫高窟游客服务中心的建议》的提案，建议建设数字影院和球幕影院等现代化多媒体演示场所，向观众全面展示莫高窟的历史文化背景与石窟艺术经典。多年来，这一项目不断向前推进。借助高科技手段，"数字敦煌"让一批敦煌艺术精品通过数字平台、数字展览、手机App等途径走出敦煌。

主要技术

《数字敦煌》系列项目主要应用了高清数字图像技术、8K超高清技术、VR虚拟现实技术、球幕影院技术等。

应用场景特色

● 高清数字图像打造文化资源库

2016年5月1日，"数字敦煌"资源库上线，30个经典洞窟的高清数字图像正式上网。这30个经典石窟，跨越了北魏、西魏、北周、隋、唐等10个朝代。2017年9月20日，"数字敦煌"资源库英文版正式开通。全球各地的网友都可登录欣赏石窟内部文物的高清图像。截至2017年年底，敦煌有壁画和彩塑的500多个洞窟，已有180多个洞窟实现了数字化，约占总数的1/3（见图4-2、图4-3、图4-4）。

图4-2 "数字敦煌"首页

图 4-3　经典洞窟列表

图 4-4　第 285 窟展示界面

● VR 技术构建虚拟漫游体验

基于积累的海量高清数字资源，在"数字敦煌"线上应用的基础上，敦煌积极应用 VR 虚拟现实技术为用户构建了虚拟漫游体验（见图 4-5）。

第285窟全景漫游

图 4-5　第 285 窟虚拟漫游

2019 年 12 月 15 日于上海举办了"敦煌秘境——宋潮 VR 互动展"，在敦煌 843 个石窟中精挑细选了 6 个最具代表性的石窟（晚唐 12 窟、盛唐 103 窟、西魏 285 窟、初唐 322 窟、十世纪中期 61 窟、隋代晚期 390 窟）进行展览。该展览将这些代表性极强的石窟与 VR 技术相结合再进行创作。壁画与穹顶上布置了许多黄色标记点，VR 眼镜上的微红外传感器用来捕捉使用者的瞳孔移动，当参观者目视着标记点位时，石壁上的飞天佛像、山水鸟兽、琴瑟箜鼓都会缓缓飞来，最终如同降落在参观者面前（见图 4-6）。

图4-6　VR虚拟洞窟

● 沉浸式体验：文化、艺术、创意、科技的交融

"敦煌秘境—宋潮VR互动展"的二楼展区中，设计了一条由光影织就的长廊，通过影像融合技术制作成长达21米、宽2.36米的动态巨幅壁画。鹿王本生图、青绿山水、藻井纹饰、十四乐伎佛像等四幅代表性壁画风格图跃然墙上，高科技使敦煌最为经典的"九色鹿"等IP在墙上跃动，似乎要从墙里跳跃而出，为观众提供震撼且极具创意的沉浸式体验。

2015年，莫高窟数字展示中心采用8K高分辨率技术拍摄了全球首部以石窟艺术为表现题材的球幕电影《梦幻佛宫》。影片时长20分钟，对莫高窟最具艺术价值的7个经典洞窟进行了全方位的展示，为游客构建了一种"人在画中游"的神奇体验，使厚重的历史，静态的壁画，一下子"活"了起来。

● 科技助力文化内涵的诠释

敦煌研究院文化创意研究中心副主任陈海涛，早就体会到文物"活化"的魅力。此前，他和同事们从莫高窟第254窟内不足2.5平方米的壁面取材，制作了16分钟的《舍身饲虎》动画短片，受到广大网友的热烈追捧。该动画短片的独特之处在于从中国美学传统的角度出发，在突出壁画艺术特色的同时，充分利用形象来传递精神文化，使古代的壁画艺术的魅力以一种现代媒体的方式被展现出来，引发当代观众的共鸣。

为进一步促进科技对文化挖掘、保护、研究以及基于创意的传播、传承和弘扬方面的支撑作用，2017年12月29日，敦煌研究院与腾讯集团在北京召开合作发布会。这是国家文物局与腾讯集团签署战略合作协议后的第一个落地项目，双方计划将敦煌研究院多年科研成果与腾讯最新科技深入融合，让更多人体验到敦煌之美，进一步扩大敦煌文化在世界范围的影响。双方将立足于"科技＋文化"的基础策略，用年轻人喜闻乐见和易于接受的方式，以契合时代的创意形态，让传统文化在新生代潮流中焕发出新的活力。同时，双方携手启动的"数字丝路"计划，致力于促进丝绸之路沿线文化遗产的保护、传承与交流。

案例二　Ｖ故宫

项目简介

故宫博物院自20世纪90年代以来，一直致力于运用先进的数字技术保护、研究和展示故宫珍贵的文化遗产。VR技术高沉浸感、高互动性、高拟真感等特性为有效解决文化遗产无法再生与需要长期保存之间的矛盾提供了切实的解决方案。另外，出于对文化遗产的保护原则，许多古建筑室内无法对公众开放参观。在VR技术的辅助下，观众可以"身临其境"地走进文化遗产，与紫禁城"亲密接触"。V故宫基于多年积累的优质数据资源，以VR为主要技术手段，高拟真度再现金碧辉煌的紫禁城，深度解析紫禁城中的建筑与藏品。并通过全新的视角，为公众提供鉴赏故宫文化遗产之美的独特方式。多年来，故宫博物院以"数字故宫"建设为主题，已经并将持续开发优质的数字产品，为公众提供更加丰富的数字文化服务。

主要技术

V 故宫如今已经实现了对养心殿、倦勤斋和灵沼轩的虚拟呈现，主要应用了摄影测量、三维建模、VR 虚拟现实等多种数字技术。

应用场景特色

● 真实场景的虚拟化打造身临其境的震撼效果

以倦勤斋为例，倦勤斋是乾隆皇帝为他退位太上皇之后的燕居地。因此，其建造聚合了当时建筑内饰的诸多精湛工艺，不仅倾注了乾隆皇帝个人的审美雅趣，更凝聚着中国古代匠人的杰出智慧，具有极高的文化和审美价值。2008 年故宫博物院对倦勤斋进行了全面的修缮。竣工后，文物数字化专家对其进行了全面的数字记录，并运用摄影测量、三维建模、虚拟现实等多种数字技术，在虚拟的空间里，全面展示了倦勤斋精妙的建筑设计和所蕴含的人文逸趣，倦勤斋被永久地留存了下来（见图4-7）。

图 4-7　虚拟倦勤斋

倦勤斋的一大特点在于其精湛的工艺。倦勤斋面阔九间，其东侧是上下两层结构的凹字形仙楼，被分隔成大小不一的几处生活起居空间，裙墙以竹黄浅浮雕装饰，挂檐板镶嵌玉片、竹丝，隔扇则采用了双面绣

工艺，集中了乾隆时期于江南地区盛行的工艺。在这里有两种不同的 VR
体验：一种是可以跟着老工匠了解传统装潢工艺，分为导览模式和自由
模式，一开始会有整体建筑的建模，观众可逐层浏览，每层有不同的展
示重点，如书画、装饰等。点击放大，会有详细的解释和介绍。在浏览
过程中用户有机会了解一些故宫中容易被忽略的细节，比如窗户的双面
绣，讲究两面都看起来像正面，没有杂乱的针脚，可以说更体现了清代
帝王生活的讲究。另一种是跟着现代文物修复专家欣赏、维护文物。工
作人员在讲解相关文物之后，观众还需要进行简单的操作对文物进行修
复，并回答出工作人员提出的问题才能进行下一步。在这部分，通过与
虚拟文物的交互和工作人员的互动，从第一视角出发更加增强了沉浸式
的感觉。

● 虚拟场景的"真实化"为文化注入新的生命力

倦勤斋的另一大特色是西侧戏院里铺满整个空间的通景画。该通景
画是由意大利画家郎世宁和他的学生所画，因此融入了许多欧洲教堂的
全景画的形式，大量运用了透视、光影等西洋画法，作为当今唯一存世
的乾隆时期室内通景画，具有极高的艺术价值和审美价值。通景画又叫
贴落画，其主要特点是在纸、绢上作画，然后贴满整个墙体和顶棚。所
谓"通景"，是将真实的场景与虚拟的画景相结合，制造出一种"亦真
亦幻"的奇妙之感。VR 等虚拟技术的应用可将通景画中的虚拟景色进
行"真实化"的呈现。例如，倦勤斋西四间的北墙部分，在竹篱掩映下，
是一座二层建筑（见图4-8）。通过对画面视点位置的分析，可以计算出
建筑在场景中的位置。并且，根据档案中类似建筑的图纸，可以确定这
栋建筑的尺寸规格。因此，虚拟技术可以基于这些数据，将这座只落于
笔端的神秘建筑，以三维化实体化的形式，得以真实地呈现在众人眼前
（见图4-9）。

图 4-8　倦勤斋通景画

图 4-9　通景画中虚拟建筑的真实呈现（https：//baijiahao.baidu.com/s?id=163676
4739069345852&wfr=spider&for=pc）

案例三　清明上河图 3.0

项目简介

《清明上河图 3.0》是基于传世名作《清明上河图》设计的大型高科
技互动艺术展演。该展演不仅能够构建出真人与虚拟的交织、人在画中的沉浸式体验，还可以让游客用看、触、听、赏、玩等多种方式与《清明上河图》进行多层次互动，在既不伤害传世画作真迹的前提下，又能窥见这幅风俗画的每一处细节。《清明上河图3.0》包含三个场景：超高清巨幅长卷投影展览、孙羊店沉浸式全息互动剧场和"汴河码头"全息球幕影院。

主要技术

科技版的《清明上河图》如今已经发展到3.0版本，主要应用了8K超高清技术、全息投影技术、球幕影院技术等。

应用场景特色

● 超高清动态展示打造震撼效果

8K超高清八连屏主题片播放展演使用了有"8K之父"之称的富士康夏普提供的8块8K液晶屏幕组成的八连屏（见图4-10），可以实现16倍高清还原国宝《清明上河图》，其画面的细腻感与色彩的鲜明度在视觉上带给人们不小的冲击。

图4-10　8K超高清八连屏

巨幅长卷将原本隐藏在画卷中不易被了解的细节进行放大展示，并进行动态演绎，使得整幅《清明上河图》变成了既可以"看清"也能"看懂"的历史。

5个不断滑动的高清触控滑轨屏，向观众展示《清明上河图》画卷的25个主要历史文博信息（见图4-11、图4-12）。

图 4-11 《清明上河图》巨幅长卷

图 4-12 触控轨屏

● 沉浸情境调动全感官体验

孙羊店沉浸式全息互动剧场是以孙羊店为原型，基于大量建筑史料，构建的以沉浸体验为核心的剧场。该剧场应用了全息影像技术，按照原画进行设计，并结合舞台美术和真人表演，对《清明上河图》故事背后的北宋的气味、光影、乐曲等实现艺术性还原（见图4-13）。

图4-13　孙羊店沉浸式全息互动剧场

汴河码头虹桥球幕影院通过一个时长6分钟的270°全景影片向游客动态展现了汴梁码头的热闹场景，并采用一镜到底的技术手段，从黄昏日落到华灯初上，让游客可以体会"两岸风烟天下无"的繁华盛世（见图4-14）。

图4-14　"汴河码头"虹桥球幕影院

案例四　故宫端门数字馆

项目简介

故宫端门数字馆落成于 2015 年，是故宫博物院在端门城楼建设的全国第一家将古代建筑、传统文化与现代科技完美融合的新型全数字化展厅。该专馆立足于真实的古建和文物，通过精心采集的高精度文物数据，结合严谨的学术考证，试图将丰富的文物和深厚的历史文化积淀，以数字的方式进行多样化呈现。故宫宫殿建筑中小巧雅致的室内空间、质地脆弱难以展出的文物珍品、实物展览中无法表达的内容，都能在端门以数字形态呈现出来。故宫端门数字馆曾举办过两个主题展览："故宫是座博物馆"和"发现·养心殿"。

主要技术

在端门数字馆中，借助触摸屏、沉浸式投影、体感捕捉、VR、AI 等先进技术，游客可以参观"数字建筑"、触摸"数字文物"，并通过与古建、文物的亲密交互，探索它们本身固有的特性与内涵，从而获得比参观实物更丰富有趣的体验。

应用场景特色

● 趣味互动丰富文化体验

数字沙盘以故宫博物院高精度全景建筑三维模型为基础，辅助以高清视频和交互演示功能，以形象直观的"数字立体地图"为游客进行"数字导览"（见图 4-15）。

图 4-15　数字沙盘

数字书法台可以通过数字和互动技术手段，让游客有机会临摹书法名作《兰亭序》（见图 4-16）。

图 4-16　数字书法台

数字绘画可以让游客从多个角度欣赏绘画名作《写生珍禽图》，例如，通过数字高清影像可以让游客看清作者用笔的笔触毫末，了解这幅传世名作背后的故事；通过数字技术让画作中的飞禽昆虫"活起来"，并在中国科学院动物研究所专家的指导下，再现鸟虫的动作和声音，使游客真切地体会到该作品的"鲜活如生"，在趣味交互中深入理解藏品的价值（见图 4-17）。

图 4-17　数字绘画

　　故宫端门数字馆采用3台高清投影机，拼合出8米×2米的超大屏幕，将《韩熙载夜宴图》以数字长卷的形式展示给游客，使其观赏过程与古人卷轴式的赏画方式一致。游客还可以拿着"蜡烛"与画面互动，烛光会随着观众走动投射到画面上，照亮夜宴图一角，营造私密的观画体验。不仅如此，该装置还使用三维光影模拟、交互式剧情、高分辨率动画等技术和设计手段，将琵琶演奏、观舞、宴间休息、清吹、欢送宾客五段场景徐徐铺开，为游客提供更有趣、震撼的交互体验（见图4-18）。

图 4-18　《韩熙载夜宴图》数字长卷

数字多宝阁是由 9 列 2 排共 18 块高清屏幕构建的一个虚拟"多宝阁"，精选近百件故宫典藏器物的高精度三维模型，立体全方位地展示文物的细节和全貌。其中，许多文物可以用触摸、缩放等交互的方式呈现其细节、制作工艺、纹饰特点、使用方式等（见图 4-19）。

图 4-19　数字多宝阁

数字宫廷服饰是由 12 块高清屏幕构成的虚拟"穿衣镜"，辅助以体感捕捉技术，实现了对人体动作的识别与追踪，游客站在"穿衣镜"面前可以虚拟试穿皇家服饰并留影（见图 4-20）。

图 4-20　数字宫廷服饰

借助互动技术实现的朱批奏折的场景，让游客能够轻松灵活地体验一下政务文化，有机会过一把"皇帝"瘾（见图 4-21）。

亲制御膳选取了众多宫廷美食中最有特色的四道菜肴，基于互动技术，还原了制作方法（见图 4-22）。

图 4-21　朱批奏折

图 4-22　亲制御膳

● 虚拟现实增强文化体验

　　数字三希堂利用CAVE虚拟现实系统构建起三面包裹的沉浸式立体虚拟环境，高度仿真模拟三希堂，使游客能够身临其境地"零距离"欣赏宫廷原状陈设，感受宫殿室内空间（见图4-23）。

图 4-23　数字三希堂

　　端门数字馆的虚拟现实剧场（见图 4-24）使用 13.5 米 ×4.1 米的超大画幅屏幕，轮换播出 6 部故宫虚拟现实作品，在 iPad 的控制下，游客可以看到古建筑很多难得一见的细节，试图以沉浸式的方式向游客展示故宫古建筑的魅力。

图 4-24　虚拟现实剧场

　　借助 VR 虚拟现实技术，以养心殿高精度三维数据为基础，构建的可交互展示的虚拟养心殿，配上虚拟现实头盔和手柄，进一步丰富了游客游览"养心殿"的沉浸式体验（见图4-25）。

图4-25　VR虚拟养心殿

● 智能服务深化文化体验

在"召见大臣"装置处（见图4-26），游客通过扫描屏幕中的二维码进入小程序，便可以与AI虚拟的王公或大臣进行自由对话。除了闲聊之外，游客还可以提问有关宫殿、宫廷历史、文物等方面的问题。同时，该装置中的AI大臣不仅能识别游客的语音提问、支持语音回答，还可以支持除文字外的图片、带缩略图的链接等多媒体回复形式，不仅能理解上下文、支持多轮交互对话，还能构建故宫知识体系的知识图谱、并通过深度学习实现自主回复。

图 4-26 AI 召见大臣

　　在数字化资源的基础之上，旅游数字化的另一项重要内容是构建数字孪生系统，将实体的物理世界映射到虚拟的数字世界，从而实现对现实旅游世界更好的监督和管理。以旅游景区的数字孪生为例，首先，数字化有助于景区的在线展览和展示。该功能的实现让游客可以突破时间和空间上的限制，随时随地游览景区。甚至在数字化资源的基础上，叠加更加丰富多彩的旅游服务，进一步丰富游客的旅游体验。其在旅游实践中，主要体现在以下几个方面：①虚拟旅游的兴起。在物理实景的基础上，利用 VR/AR 等虚拟现实技术，不仅可以对现实的旅游景观进行模拟，甚至可以创造出超现实的旅游环境，打造沉浸式全景在线产品，让游客足不出户却有如"身临其境"。②"云游"服务的打造。现如今，各旅游景区，尤其是博物馆、美术馆、文创园区等，都在积极拓展网上"云游"服务，持续深化发展在线旅游。其中，"云"的实现主要依托于云计算技术的广泛应用。在网络技术的基础上，在强大计算资源（例如，服务器）的加持下，以及在新一代信息技术的配合下，云计算能够实现旅游资源的整合，打造综合型一站式的旅游平台，为游客提供更好的旅游服务。例如，在新冠疫情期间，为了弥补游客无法到现场游览故宫的遗憾，故宫博物院推出了名为"云游故宫"的在线游览服务（见图4-27），分别从"看文物""看古建""看展览""看期刊""看视频""看漫画"六个角度出发，将故宫的全部旅游资源进行了线上整合。并基于此，2020年7月16日，故宫博物院再次推出了"数字故宫"小程序，进一步全面整合了故宫在线数字服务，观众可以通过这款小程序在第一时间掌握全部故宫资讯，无须在网站、微博、App等故宫多个数字平台上跳转。不仅如此，"云游"服务的打造还充分利用了音频、短视频、直播和影视类等新兴载体，目前主要应用于旅游内容的生产和传播。例如，为配合"云游故宫"平台的服务，故宫博物院结合5G互动直播技术，已经进行了多场"走进故宫"的直播活动。在故宫宣教部讲解员的带领下，"游客"不仅可以欣赏曼妙景象、聆听奇闻轶事，还可以"近距离"窥探诀窍玄机，畅享文化知识大餐。此外，这些知识性资源，还可以形成种类繁多的线上课程、直播课程等数字化的知识内容，极大地丰富了消费者的文化生活与体验。③线上线下融合发展。旅游景区线上空间的打造永远也无法取代传统旅游。前文中提到，旅游的本质以体验为核心。所谓"体验"，包含着"经历"与"经验"两层含义。其中，"经历"是指自己或他人亲身见过、做过或遭遇过某事。因此，旅游体验的获得离不开游客的亲自参与，需要游客到真实的旅游场景中去实践。所以，旅游景区构建线上数字空间的目的不仅在于拓展游客旅游行为的时空范围，将旅游融入人们的日常生活，使之真正成为一种生活方式，更是为了与线下空间相互配合、互为补充，最终实现融合发展，为游客提供更好的旅游服务。例如，故宫博物院于2017年5月18日发布的《故宫社区》App，在整合数字文化资源的基础上，构建了线上数字生态社区（见

图 4-27)。在《故宫社区》中,基于完善的用户成长体系等系统,用户可以创造自己的线上生活空间,用现代的方式体验具有"故宫味""古典范"的文化生活。该 App 最核心的特点在于,充分利用了用户的分享属性,使之从文化的消费者转变为文化的参与者,甚至文化的创造者,营造属于自己的线上数字生活空间。App 以社区的"活态"形式,通过构造更为开放、有趣的交互体验,不仅丰富了公众线上的文化生活,更是从细微处影响了人们线下的生活方式,实现了大众与故宫之间的良性互动,进一步拓展和丰富了旅游体验。

图 4-27　云游故宫

　　旅游景区的数字孪生不仅从服务和体验的角度有助于景区的在线展览和展示,同时,对旅游景区的管理也起着极大的支撑作用。进入信息时代,对于管理者而言,管理模式发生了很大的转变。尤其,随着互联网、移动互联网、物联网、云计算、大数据、人工智能等新一代信息技术的普及,大量的资源(例如,人、财、物等)将被数据化,蕴含着巨大价值的海量数据逐渐成为管理的核心。对于旅游景区来说,在景区资源数据化的基础上,利用大数据技术能够进一步推动资源的有效整合,并在云计算为大数据提供的服务支撑平台的加持下，结合人工智能技术深入挖掘数据价值，从而为旅游管理提供更加智慧的决策支持。例如，许多景区的管理系统中应用了人脸识别技术，通过对人脸进行数据化，获得人脸生物信息的方式，对景区中的人员实现更加高效的管理。比如，通过与警方大数据进行对接，可实时监控景区中是否混入违法犯罪分子，威胁到游客的人身和财产安全。对于走失的孩子或老人，也可及时通过人脸识别功能进行定位。未来，旅游景区的数字孪生将成为景区指挥调度系统的重要支柱，为景区的运行监测、问题研判、预测预警、应急指挥等提供强有力的支撑。

三、智慧旅游

新一代信息技术的飞速发展和普遍应用，给各传统行业都造成了巨大冲击。首先，是以互联网为基础的各种线上技术为各领域带来的变革。2012 年"互联网 +"的理念被首次提出。2014 年，李克强在世界互联网大会上又再次强调了互联网于社会发展的重要性。而如今，由于各种移动设备（例如，手机）和移动通信技术（例如，4G）的广泛应用与覆盖，促使网络互联的技术呈现出了"移动化"和"泛在化"的特点。以微信和微博等为典型代表的社交应用取得的巨大成功，则是通过充分激发人类的社交属性进一步加深了"互联网 +"对行业结构产生的巨大影响。除了人与人之间的连接，物联网技术的发展将打通物与物之间实现连接的壁垒。最终，人与人，人与物，物与物之间的广泛互联又能引起怎样的社会变革难以想象。这样一个蓬勃发展的技术环境需要强大计算能力的支持——云计算。通过将服务器集中起来，统一调配资源，不仅能够实现信息的快速处理，而且能够满足更多的用户请求，从而实现高效的技术服务。然而，大量设备与技术的投入使用必然会导致海量输出数据的产生。现如今，人们已经进入大数据时代。采用对所有数据，而非样本数据，进行处理的方式，极大地改变了人们对于客观规律的探索模式，提高了新联系和新现象的发现概率。此外，对大数据的深入挖掘与高效处理离不开人工智能算法。人工智能技术的核心思想是通过模拟人类思维的方式，基于计算机强大的计算能力改变世界。2016 年由谷歌旗下的 DeepMind 公司开发的人工智能 AlphaGo 战胜了世界围棋冠军李世石已经成为人工智能的典型代表。而在我国，人工智能技术也早已成崛起之势。在科教兴国战略的指导下，由中央电视台和中国科学院共同主办的智能科技挑战类节目《机智过人》中就汇集了来自全球的人工智能研发精英和科技项目。其中，引起人们广泛关注的有来自清华大学研发团队的人工智能"九歌"。它挑战的是中国传统文化的重要组成部分——诗词歌赋。"九歌"所创作的古体诗对战曾参加过《中国诗词大会》的两位选手都不在话下，令人惊叹。同样作为新一代信息技术的亮点，VR、AR 和 MR 等新兴技术给人们又带来了不一样的体验。随着更多的感知信息（例如，触觉感知和运动感知等）能够被获取和处理，人类拥有了更多与世界互动的方式。可以总结，新一代信息技术为改变世界提供了更多的可能性。

新时代新技术所呈现出的新特点促使旅游业也在不断思考如何转型的问题。在新一代信息技术的刺激与支撑下，旅游信息化已经进入了智慧旅游的发展阶段。早在 2011 年，国家旅游局就提出将以信息化为主要途径，积极开展旅游在线服务、网络营销、网络预订和网上支付，构建旅游数据中心、呼叫中心，全面提升旅游企业、景区和重点旅游城市的旅游信息化服务水平，争取用 10 年左右的时间，显著提高信息技术在旅游业应用的广度和深度，形成一大批引领作用强、示范意义突出的智慧旅游城市、智慧旅游企业，在全国范围内初步实现"智慧旅游"。此后，"智慧旅游"被写进了不少地方政府的旅游文件中，也写进了许多省市的"十二五"旅游发展规划中。2012年北京智慧旅游行动计划纲要发布暨工作部署大会在北京长富宫饭店隆重召开。会上，北京市旅游发展委员会正式发布了《北京智慧旅游行动计划纲要（2012—2015年）》和"智慧景区""智慧饭店""智慧旅行社""智慧旅游乡村"四个建设规范。由北京市旅游发展委员会召集，北京市各旅游业态领军单位、各相关科技企业和科研院校共同发起成立的北京"智慧旅游联盟"也同时宣告成立。

自江苏镇江于2010年在全国率先创造性地提出"智慧旅游"的概念之后，到目前为止，智慧旅游依然是一个较为新颖的命题。旅游业中一直存在着对智慧旅游的不同理解。直到2015年，在国家旅游局印发的《关于促进智慧旅游发展的指导意见》中，从政府主管部门层面，为这样一个行业的新业态，提供了一个较为规范的、统一的解释，包括以下重点内容：

一是应用新一代信息技术：智慧旅游是在旅游信息化的基础上发展起来的，而旅游信息化的实现基于信息技术的应用。因此，发展智慧旅游首先需要考虑的同样是信息技术，尤其是新一代信息技术的应用。可以说，新一代信息技术在旅游领域的普遍应用极大地推动了智慧旅游的出现和发展。

二是及时、快速、全面、准确地，主动感知、处理和反馈各类旅游信息：这一部分包括两方面的重点内容，即在旅游领域广泛应用新一代信息技术实现的具体功能和呈现效果。从具体功能来看，由于信息是消除不确定性的核心媒介，因此旅游信息化依赖于信息技术对旅游信息的感知、处理和反馈。尤其在新一代信息技术的支撑下，智慧旅游的突出特点体现在对这些功能的实现是主动的。智慧旅游时代，不再需要被动地等待旅游者提供需求信息，而是可以通过各种先进技术手段，主动地获取旅游信息并给予相应的反馈。例如，当游客自驾靠近某景区时，旅游目的地能够主动地获取游客的地理位置信息，并基于此为其推送相应的旅游信息。从呈现效果来看，智慧旅游对旅游信息的主动感知、处理和反馈还体现出更多的特征。首先，是及时性，强调的是在旅游者可承受的、适当的时间范围内感知和反馈旅游信息。同时，是快速性，在及时性的基础上，智慧旅游要求对旅游信息的反应还应当是快速的。其次，是全面性，着重拓宽所获取的旅游数据的维度，实现对旅游信息更加全面的呈现、分析、处理和使用。最后，是准确性，在多维且海量旅游数据的基础上，通过深度的数据挖掘和分析，提供更加精准的信息和服务。例如，传统的基于位置的旅游信息推送服务为旅游者提供的大多是较为基础的旅游信息，其中有效信息并不多。相较于传统的方式，在智慧旅游阶段，除了位置数据外，与旅游者需求密切相关的更多维度的数据（比如，OTA 订单数据、评论数据和游记数据等）将逐渐被纳入数据分析中，使基于位置的各种旅游服务（不仅是旅游信息推送服务）都能够更加贴合旅游者的需求，最终实现个性化旅游。

三是实现旅游营销、旅游服务、旅游体验、旅游管理的智慧化：以上新一代信息技术对旅游信息的反应与效果具体体现在旅游领域的四个方面，即营销、服务、体验与管理，具体描述如下：

1. 智慧营销

智慧化的旅游营销的突出特点体现在：基于"游客画像"实现的精准营销。旅游营销的对象是游客。因此，及时、快速、全面、准确地了解和掌握游客的需求是旅游营销的关键任务。"游客画像"是基于大数据技术实现的"用户画像"在旅游领域的应用，是一种能够对游客的基本属性、生活特征、行为习惯、兴趣爱好等个性化内容进行分析和描述的模型。"游客画像"不仅能够挖掘游客在进行旅游活动时的旅游偏好，同时也可以将其与游客日常生活中的细节进行联系，从而得到对游客更加全面且深入的认识。基于对"游客画像"的掌握，旅游营销方（例如，景区、酒店、餐饮、旅行社等）能够更加清晰地了解游客的真实需求，从而推荐更加精准和个性化的旅游产品与服务。

2. 智慧服务

旅游服务是为满足游客需求而存在的。智慧化的旅游服务的使命则是借助先进技术手段更好地满足游客需求。以行程规划为例，这一旅游阶段将会产生许多旅游决策方面的需求，比如，旅游者需要回答"去哪玩""玩什么""怎么玩"等关键问题。智慧旅游通过研发行程助手等智能工具，为游客提供高效的决策支持，以实现智慧化的旅游服务。这类智能行程规划工具的实现包含两个关键点：一是大数据技术在旅游领域的广泛应用；二是网络上分布了大量的旅游评论和游记数据可供大数据分析和挖掘，从而为游客提供决策依据。比如，对同类游客评论和游记的大数据分析，可以为旅游者提供"别人是怎么玩的"等相关内容，以启发旅游"灵感"。在对某一旅游目的地的相关评论与游记进行分析和挖掘的基础上，可以为游客提炼出适合该旅游目的地的游玩计划，比如，适合玩几天、玩什么、线路如何规划等内容，以辅助行程规划。这类数据通常被称作旅游 UGC（User Generated Content，用户生成内容）数据。在 Web2.0 的时代下，由于以社交媒体为典型代表的新媒体技术的发展，产生了海量的旅游者自己生成的数据，以旅游评论数据和游记数据为主。对各种类型（文本、图片、音频、视频）的 UGC 数据的分析和挖掘是大数据技术的典型特征之一。通过应用大数据技术对旅游 UGC 数据进行处理，旅游业不仅可以精准掌握旅游者对旅游产品和服务的口碑评价、情感评价等内容以改善、提升其质量和效率，还能通过深挖旅游者需求，不断探索新的旅游主题，开发和组织更具创新意义的旅游产品和活动，持续地推动智慧服务的发展。

其中，一类重点建设的智慧服务是基于位置的服务（Location Based Services，LBS），即通过定位技术，获取旅游者当前的地理位置，并基于此提供相应的旅游服务。在日常生活中，基于位置的服务常见于借助 GPS 和 GIS 等技术实现的电子地图。例如，高德地图的搜周边功能，可以为用户推送所在位置附近的美食、酒店、旅游等资源。目前，在旅游领域中，基于位置的服务主要应用于智慧化的导航、导游、导览、导购等功能的实现。以故宫博物院于 2018 年推出的"玩转故宫"小程序为例，首先，该小程序能够实现基于游客实时位置的景区内导航，导航范围不仅包括建筑、展览等旅游资源，同时还涵盖了餐饮、商店、医务、卫生间、出入口等基础设施。2021 年，"玩转故宫"进行了全新升级，继续对地图导航服务进行了优化，添加了 AR 实景导航功能，对 AR 技术在故宫场景中的应用进行了探索。此外，小程序还可以根据游客的需求，为其提供不同主题的游览线路，并辅助以文本、图片和音频为形式的内容讲解，在导航和导游的基础上实现导览功能。在游览的过程中，小程序还为游客配备了 AI 智能导游，以满足不同游客的个性化游览需求。可以说，基于位置的旅游服务极大地扩展了旅游者的旅行范围和自由度，进一步促进了自助游、自由行、自驾游等灵活度更高的旅行方式的发展。

3. 智慧体验

旅游是一种体验经济。在文化与旅游深度融合的时代，如何在提供旅游服务的同时，让旅游者获得更加丰富的、更富有深度的旅游体验是旅游领域探讨的主题之一。所谓"智慧"的旅游体验，突出强调了在旅游体验的构建过程中充分发挥新一代信息技术在创新创意方面的应用潜能。在这一方面，故宫博物院一直处于领先水平。故宫为创新游客体验，利用新技术做了各种尝试，并在端门建设了数字馆予以展示。其中，典型的创新体验装置包括 VR 虚拟三希堂、AI 虚拟召见大臣、基于体感技术的皇家服饰试穿装置、基于弧幕技术的小剧场等内容。目前，对智慧旅游体验的打造主要集中在以下几个方面：

（1）交互体验

根据对"体验"概念的理解，旅游体验的实现基于旅游者与旅游世界之间的交互。从信息加工心理学的角度来讲，人类作为一个"信息处理系统"，其与外部世界进行交互的主要"接口"之一是由视觉、听觉、嗅觉、味觉、触觉等组成的感官系统。因此，在交互体验的构建过程当中，对游客的感官刺激是最为常见的一种实现方式，尤其以视听刺激为主。例如，《清明上河图 3.0》展览中，通过融合 8K 超高清数字互动技术，将原作内容的极致细节进行展示，为观众创造震撼视听效果的同时，也将其文化内涵与历史风貌进行了充分展示。然而，要想实现更高质量的交互体验需要对游客感官系统的综合调动。例如，通过结合触控技术、体感技术、可穿戴技术等交互技术，在视听刺激的基础上增加对旅游者触觉的调动，可以实现更加丰富的旅游交互体验。

（2）沉浸体验

在交互体验的基础上，沉浸体验以创设情境使游客全身心置身其中的方式，强调游客在旅游过程中的参与性，从而获得更深层次的旅游体验。为打造良好的沉浸体验，智慧旅游致力于将内容与技术深度融合，在充分了解文化特点、概念设计、内容制作等的基础上，探索新一代信息技术在旅游沉浸场景中的应用模式。以《清明上河图 3.0》沉浸式体验展为例，该展览利用动画技术实现了一个巨幅长卷装置，通过让原画中的 814 个角色、70 余只牲畜、29 艘大小客货船、13 辆交通工具、180 多棵树"动起来""活起来"的方式，生动地向观众呈现了北宋都城汴京的城市面貌和当时社会各阶层人民的生活状况，再现了北宋的繁华盛世。同时，结合 AI 人脸识别技术，可将观众与画中人物相对应，使其能够"一秒入画"，进一步加深观众对《清明上河图》的理解，增强观众沉浸于其中的体验感，从多个维度探索体验方式的创新。

（3）认知体验

在交互体验和沉浸体验的基础上，想要引导旅游者达到更深层次的旅游体验，需要激发旅游者更高层次的思维活动，认知便是其中之一。在智慧旅游的构建过程中，一项重要的内容便是旅游资源的数字化。利用计算机相关技术对数字资源进行处理，可以为旅游者实现更加丰富的体验功能，从而为认知体验的构建提供多种可能性。以 AR 技术的应用为例，如今，各大博物馆都在探索 AR 技术在增强游客认知体验方面的应用潜力。在文物呈现方面，AR 技术让游客能够更清晰、全面地认识文物。比如，在 AR 技术的辅助下，可以在真实文物的基础上实现 3D 虚拟仿真模型，不仅可以通过放大、缩小等功能为游客呈现文物细节，还可以在原有单一游览方式的基础上增加更多的交互功能（例如，360 度旋转等）。此外，AR 技术还可以让文物"活起来"，进一步加深游客对文物的认识。比如，AR 技术可以让皮影人物"动起来"，在游客眼前表演皮影戏，以更加灵动的方式向游客展示中国民间的传统戏曲艺术。在讲解方面，除了基本的语音讲解，借助 AR 技术与设备，还可以在原物的基础上结合动画等更加丰富的内容呈现形式，帮助游客深入地理解文物（例如，通过播放对文物进行拆解和组合的动画，可以清晰地展现文物的特殊结构），及其背后所蕴含的历史和文化。

（4）审美体验

审美体验是旅游体验的本质类型。如今，大众对旅游体验的追求已经从对知识的获取，上升到对情绪情感乃至精神层面的触动。首先，审美体验围绕具有美学元素的旅游资源展开，而情绪情感则是美感活动最重要，也是最活跃的心理因素。因此，通过对美的旅游对象的欣赏，审美体验能够引发旅游者的情绪情感活动。例如，作为黄山奇松之首的迎客松，挺立于玉屏峰前狮石旁、文殊洞之上，姿态苍劲，枝叶平展如盖，有侧枝横空伸出，恰似主人伸出优雅的臂膀，热情地欢迎八方来客，可以为游客带来亲切之感。目前，各种新技术手段已经被广泛应用于增强这一体验。以 2019 年 6 月在中国国家博物馆举办的梵高沉浸式体验展为例，其中，通过应用 VR 技术，可以使观众追随梵高的脚步，了解他在创作每一幅画作背后的故事，从而产生共情，以此来激发观众在情绪情感方面的活动。同时，审美体验的构建也十分关注为旅游者精神层面带来的愉悦。还是以黄山迎客松为例，其展臂迎客的形象不仅象征着广迎四海的开放精神，而且，它盘根于危岩峭壁之中，挺立于峰崖绝壑之上的品质也向人们传达了坚韧不拔的精神。为加强这一方面的审美体验，需要深入挖掘旅游资源的审美要素，结合现代社会特点对内容进行创新创意，以提升游客的审美认识，获得愉悦的感受。然而，在这一方面，新一代信息技术还有很大的应用潜力。

4. 智慧管理

高效的管理是保障高质量的营销、服务和体验的基础。智慧的旅游管理的前提是数字化。从旅游企业的角度出发，数字化需要体现在市场调研、产品设计、市场营销、接待服务、客户管理、人力调配、财务管理、物务计调和安全监控等各个方面。从旅游公共部门的角度出发，智慧管理需要建立在政务制定和发布，资源普查、规划、开发和保护，市场监管和推广，应急指挥调度，以及人才培养等各个方面数字化的基础之上。基于此，旅游管理的"智慧核心"主要体现在建立一体联动的高效管理机制。首先，在网络技术（比如，互联网、移动互联网、物联网等）的支撑下，数字化带来的海量数据之间可以实现高效的联通，为旅游智慧管理平台奠定基础。同时，在云计算和 AI 技术的加持下，结合大数据技术的分析和挖掘，智慧管理平台不仅可以为旅游管理方呈现更为综合的旅游信息，便于旅游管理方及时、快速、全面、准确地掌握旅游企业和市场的运营情况，还能够基于复杂的数据分析，为旅游管理者提供更加智能的决策支持，从而在旅游各部门之间实现高效的管理协作。以海南的三亚市民游客中心为例（见图 4-28），三亚市作为以旅游为主的城市，始终存在着诸多的旅游问题。旅游公共部门为了能够为游客提供一个安全、稳定、舒适的旅游环境，将相关的旅游各个职能部门统一集中在三亚市民游客中心进行办公，方便随时联动调度。更重要的是，在这样的联动机制背后，是来自数据层面的集成、分析，信息层面的流通、共享，以及知识层面的挖掘、辅助，以达到综合管理和集中控制的目的。

图 4-28　三亚市民游客中心

第五章　旅游与创意

随着竞争日益激烈，创意与创造力已经成为各行各业推动发展的重要驱动力。进入新时代，旅游者早已不满足于传统的旅游内容，而是更加注重新颖、有趣的旅游服务与体验为身心带来的愉悦，而这一切实现的基础在于"创意"。基于此，本章将分别从文化创意，产品创意和创意旅游的角度出发，对旅游中的创意实践进行总结与分析，探索"旅游"与"创意"之间深度融合的可能性。

一、文化创意

随着人们对精神生活的追求不断增长，越来越多的旅游者正跨入深度旅游阶段，文化日益成为支配旅游活动的精神支柱和旅游经济的重要引领。旅游则是文化实现教化功能与娱乐功能的重要载体，是发掘、弘扬、优化、保护和丰富文化的有效途径。随着文化与旅游的深度融合，文化逐渐成为旅游创意的主要驱动力。以文化为源泉、创意为核心、旅游为平台的文化创意旅游呈现出前所未有的生机与活力。

对文化的理解是创意的基础。在近代，给"文化"一词下明确定义的，首推英国人类学家 E. B. 泰勒。他于 1871 年出版了《原始文化》一书，指出："据人种志学的观点来看，文化或文明是一个复杂的整体，它包括知识、信仰、艺术、伦理道德、法律、风俗和作为一个社会成员的人通过学习而获得的任何其他能力和习惯。"随后，B. K. 马林诺夫斯基发展了泰勒的文化定义，于 20 世纪 30 年代著《文化论》一书，突出强调了文化的功能作用，内容涉及社会制度、风俗、家庭生活、巫术、宗教、艺术、娱乐与游戏等诸多方面。并且，马林诺夫斯基进一步把文化分为物质的和精神的，即所谓"已改造的环境和已变更的人类有机体"两种主要成分。此后，世界上著名的哲学家、人类学家、社会学家、心理学家，甚至化学家和生物学家等都曾对"文化"进行定义。美国文化人类学家 A. L. 克罗伯和 K. 科拉克洪在 1952 年发表的《文化：一个概念定义的考评》中，通过分析考察 100 多种文化定义，得到对文化的一个综合定义："文化存在于各种内隐的和外显的模式之中，借助符号的运用得以学习与传播，并构成人类群体的特殊成就，这些成就包括他们制造物品的各种具体式样，文化的基本要素是传统（通过历史衍生和由选择得到的）思想观念和价值，其中尤以价值观最为重要。"克罗伯和科拉克洪的文化定义为现代西方许多学者所接受。

中华民族在几千年的发展过程中，创造了丰富灿烂的中国文化。中国文化是中华民族长期延续、不断发展的精神支柱。根据我国的文化特征，由张岱年、方克立编写的《中国文化概论》一书中提出文化结构四层次说，将我国悠久、丰富的文化内容分为：

（1）物态文化层，是与人类加工自然创造的各种器物相关的文化，是可感知的、具有物质实体的文化。物态文化层满足的是人类最基本的生存需要——衣、食、住、行等。

（2）行为文化层，由人类在社会实践，尤其是在人际交往中约定俗成的习惯性定势构成，以民风民俗形态出现，具有鲜明的民族、地域特色。

（3）制度文化层，与人类在社会实践中建立的各种社会规范相关，例如：经济制度、婚姻制度、法律制度等。

（4）心态文化层，是文化的核心部分，由人类社会实践和意识活动中长期氤氲化育出来的价值观念、审美情趣、思维方式等构成。

文化创意（简称，文创）的概念从 20 世纪 90 年代被提出以来就一直在社会发展中扮演着重要角色。作为一种重要的社会发展推动力，文化创意的理念能够将物质与非物质，行为与思想，知识与技能等文化内容，通过人无穷的创造力，不断衍生出新产品、新服务、新市场和新的社会财富。

1. 文化创意产业

文化创意产业，顾名思义，是以文化创意为核心驱动力的产业。文化创意产业是在创意产业的基础上发展起来的。创意产业诞生于英国。随着英国作为世界第一制造大国的地位渐渐消退，英国政府抓住了创意产业的巨大潜力，并首次提出了创意产业的概念，其内容之丰富横跨广告、建筑、艺术和文物交易、手工艺品、工业设计、时装设计、电影和录像、互动性娱乐软件、音乐、表演艺术、出版、电脑软件及电脑游戏、广播电视、文化遗产与旅游等行业。竞争战略之父迈克尔·波特认为："基于文化的优势是最根本的、最难以替代和模仿的、最持久的和最核心的竞争优势。""文化创意产业"一词的首创者是一位著名的奥地利政治经济学家约瑟夫·熊彼特。他明确指出，现代经济发展的根本动力是社会的发展中知识和文化所带来的创意创新，而不是单纯地因为资本和劳动力。因此，为强调文化对创意产业的支撑作用，抓住文化创意产业发展的良机，各国学者都展开了对文化创意产业的全面研究。

根据我国的国家战略、地域以及文化等方面的特点，我国学者提出了具有中国特色的文化创意产业内容：（1）艺术，包括视觉艺术、表演艺术、环境艺术等；（2）设计，包括服装设计、广告设计、工艺设计等；（3）传媒，包括出版、广播、影视、动漫等；（4）软件及计算机服务。

任何一种文化创意活动，都要在一定的文化背景下进行。因此，深挖文化内涵，打造具有中国文化特色的文化创意品牌和产品是文化创意产业的主要方向之一。但创意不是对传统文化的简单复制，而是依靠人的灵感和想象力。是以，文化创意产业一直注重加强对创意人才的培养。同时，在产业融合的大背景下，文化创意产业不仅侧重于旅游业的融合发展，也强调在高科技产业的加持下，借助科技的力量对传统文化资源实现创意提升。为助力文化创意产业稳定发展，我国在持续完善知识产权保护相关法律法规的同时，也在不断建立和健全从中央到地方的支持政策。例如，从"八五"计划到"十四五"规划都有相关内容对我国文化创意产业发展进行规划。2021年3月发布的《中华人民共和国国民经济和社会发展第十四个五年规划和2035年远景目标纲要》中更是明确指出实施文化产业数字化战略，加快发展新型文化企业、文化业态、文化消费模式，壮大数字创意、网络视听、数字出版、数字娱乐、线上演播等产业。从我国国民经济规划中即可看出我国对于文化创意产业发展的重视，文化创意产业已经成为我国国民经济的重要支柱产业。

2. 文化创意园区

文化创意园区是文化创意产业的具体表现形式。与文化创意产业园区相类似的概念还有文化产业园区、创意创业园区、文化创意产业集聚区等。截至目前，国内尚未对文化创意园区形成统一的概念。综合多方面因素考虑，对文化创意园区的认识，主要集中于以下几个方面：①特定区域。文化创意园区的形成需要一个特定的区域。首先，该区域的地理位置、周边环境、气候条件等因素都会对文化创意园区的建设产生重要的影响。因此。园区选址始终是文化创意园区建设的重要内容。同时，在选定地理区位的基础上，存在着怎样的文化资源和依附条件是打造文化创意园区的重要基石和先决条件。从物质的角度出发，常见的内容包括：废弃厂房/粮仓/学校、高等院校/研究机构、高新技术开发区、文化社区等。非物质的部分主要指该地区特有的文化特色、文化底蕴、文化氛围等。②产业聚集。文化创意园区致力于将文化企业、创意个体，以及相关支撑机构（例如，研究机构、金融机构、传媒机构等）以集中的方式聚集在该区域，为文化机构和文化活动提供所需环境与条件，创建多元文化生态。例如，园区内一般设有很多公共空间，不仅可以促进同行业之间的交流互动，也为不同行业之间的跨界合作提供了机会，从而激发创意灵感，助力文化生产。同时，产业聚集所呈现的鲜明形象也为地区增加了吸引力，更好地凸显当地文化价值，对文化消费起到极大的推动作用。为进一步促进文化创意产业的良性可持续发展，如何逐步打通产业链、创新链、服务链、人才链、资金链、供应链等已经成为文化创意园区的重要探索内容。③多功能体。从使用功能的角度出发，文化创意园区将文化艺术工作者、游客和居民紧密联系在一起，形成了集生产、交易、休闲、居住为一体的多功能园区。近年来，文化创意产业园区发展迅猛，凭借创新灵活的发展理念和生态环保的发展模式，已然成为我国文化产业中的重要组成部分。

现阶段，我国的文化创意园区主要形成了以下几种发展模式：①市场主导模式，即由市场需求驱动，自发形成的园区模式。这种发展模式一般是在前期发展的基础上形成的。其中，比较典型的是对传统产业的延伸，例如，自发形成于1992年的潘家园古玩交易园区。随着古玩行业的发展，收藏事业的日趋繁荣，围绕潘家园旧货市场和北京古玩城周边相继建设了六七家类似市场，潘家园地区有着得天独厚的古玩交易氛围，在全国古玩行业具有领头作用，自发形成了古玩艺术品交易园区。特别是潘家园旧货市场，民间特色浓郁，交易方式灵活，深受群众喜爱，现已成为全国人气最旺的古旧物品市场，全国品类最全的收藏品市场，全国规模最大的民间工艺品集散地。②政府主导模式，即由政府直接推动、规划和建设的模式。政府相关部门将规划出一块特定区域，成立管理机构和运营企业，集中建设基础设施和相关服务平台，实行一定的优惠支持政策，吸引和扶持发展某类文化创意产业，从而逐步形成集聚区。北京石景山数字娱乐产业基地，就是在区委、区政府统一领导下，成立集聚区推进办公室，负责集聚区日常管理和推进工作，统一规划、整合资源建设发展起来的。集聚区分为核心区、先导区、拓展区3个功能区，涉及土地面积3平方公里；主导行业包括游戏、动漫、旅游、休闲娱乐等。目前，已经有"国家数字媒体技术产业化基地""国家网络游戏动漫产业发展基地""中国电子竞技运动发展中心"三块国家级牌子落户基地，荣获"2006中国最具发展潜力文化创意产业集聚区"称号。③企业主导模式，即由龙头企业带动形成的园区。其中，比较典型的一类是科技企业。例如，中关村科技园区雍和园的文化产业园，以歌华有线等企业为基础资源，重点发展数字内容、动漫游戏研发制作、影音、版权贸易等文化创意产业，已经吸引了美国、法国和日本等世界知名企业入驻。此外，也有以开发商主导推动的侧重商业运作的文化创意产业园区。例如，上海大宁德必易园是国内专业开发、运营创意办公园区的德必文化公司，以助推中国电商行业稳步发展为目的，开创的以中国电商服务行业产业集聚为定位的园区。④科研院校主导模式，即在高校、研究院（所）等机构的带动下形成的园区。例如，位于重庆西部科学城的大学生文化创意微型企业园，就是由四川美术学院主导建立的。这类文创园区能够充分利用在创意人才培养方面的优势，通过整合学校资源（如空间建设），同时引入社会资源（如提供投融资服务），以及对接政策资源（如，政策解读），甚至延伸政府职能（如建立帮扶带动机制），为大学生创新创业提供培育、孵化、指导的"一站式"平台。⑤混合模式，即由多种模式的有机结合形成的园区。其中，比较典型的是政府引导、企业运作的模式。政府通过制定规划、提供优惠政策、完善公共服务体系，推动和引导文化创意产业的发展；企业以市场需求为导向，通过市场竞争壮大和发展自身，在市场运作中形成产业集聚。例如，中关村软件园就是在北京市委、市政府的引导和规划下，由北京中关村软件园发展有限责任公司全面负责软件园土地一级开发和二级配套工程建设，并面向国内外软件及信息服务企业进行招商。自2001年年初开工建设以来，中关村软件园在开发建设、企业引进、产业服务体系建设与国际化促进等方面都取得了积极进展。

3. 文化创意实践

目前，我国文化创意领域将工作的重点放在了对中国传统文化的创意活化，以促进我国优秀传统文化的传承与传播。在物质层面，相关的文化创意实践多以文物、建筑、遗址等实体文化为基础，通过从中提取文化元素进行创意。例如，敦煌研究院在文化创意方面的实践大多源于其跨越千年历史的洞窟、壁画、泥塑等物质文化遗产，从中提取的文化元素（例如，飞天、九色鹿、三兔共耳等）为创意活动的实施提供了宝贵资源。而非物质层面的文创实践则主要围绕民间文学、民风民俗、传统音乐、传统舞蹈、传统曲艺、传统戏剧、传统技艺、传统美术、传统医药、传统体育、游艺与杂技等内容展开。其中，如何与当代人的社会生活、审美倾向、文化追求、娱乐方式等相结合，是非物质文化在创意实践过程中面临的主要问题之一。以传统戏曲的创意活化实践为例，比如，基于当代社会背景的新曲目的创作，与流行音乐、游戏动漫等新媒体形式实现的跨界融合等，大多集中于解决传统戏曲的文化谱系与现代性大众的文化语境之间的错位问题。

　　具体的创意实践主要围绕文化的内容与形式两方面展开，并且，往往需要与现代社会文化的结构、特点与发展方向相结合。首先，基于内容的创意以充分挖掘文化内涵和精准把握文化精神为核心。以 2019 年 7 月上映的动画电影《哪吒之魔童降世》为例，影片源自对传统神话故事《哪吒闹海》的创意改编，在深挖原著"反抗不公命运进而追求人格独立"的文化内核的同时，增加了反抗宿命、突破成见、自我实现的现代寓言。此外，创作者还通过在影片中融入亲情、友情与成长这些常见却又非常普世的主题，赋予了故事更多的时代意义，也使观众更能理解角色，产生更多共情。其次，更为直接的创意方式是从文化呈现形式的角度出发。例如，汉服是中国古老而美好生活方式的一个缩影。近年来，在大街小巷尤其是热门景点，越来越多的人身着汉服出行。"汉服热"席卷全国，尤其受到年轻人的追捧，不仅体现了文旅融合的新景观，更彰显出创意经济时代个人消费升级的内生诉求。如今，汉服已经成为传统文化与现代生活结合的典范，同时也是传统文化回归和传递的枢纽。当汉服文化回归日常生活，我们还应思考：汉服怎样才能更接地气？如何提倡传统节日的生活化与场景感，以及鼓励在生活空间适时开展主题性的文化活动，引导汉服更好地融入当下。然而，基于内容或形式的创意往往缺一不可。内容创意需要配合新的形式以适应当代审美，而形式创

第五章　旅游与创意

097

意也需要文化内核作为有力支撑。例如，以国宝《千里江山图》为灵感的舞蹈《只此青绿》成为 2022 年春晚的爆点节目。舞蹈不仅从新的视角对 18 岁天才画家王希孟创作北宋名画《千里江山图》的故事进行解读，还以抽象的艺术手法深度还原了画中群山层峦叠嶂的美丽意境，给观众以极大的审美享受，同时大胆尝试用舞蹈讲述文物故事，实现跨越门类的艺术转化，堪称中国传统文博美学的现象级"破壁"与"出圈"。

在科技创新思想指引下，科技在文创实践中扮演着越来越重要的角色，逐渐形成了以"文化为源泉，创意为核心，科技为支撑"的文创理念。其中，较为典型的文创实践是媒体技术在文化传承与传播方面的应用。首先，在传统媒体方面，电视以视听兼备、信息量大等特点成为文创实践中利用较多的媒体形式。基于我国丰富的传统文化，制作了许多文化类电视节目，如纪录片《故宫100》《我在故宫修文物》等，以及文化创意类综艺节目，如《国家宝藏》《上新了，故宫》等，一经播出就引起很大热度，受到了大众的广泛好评。一些旅游目的地还尝试将文化元素融入热门影视剧，以此来带动当地文化旅游的发展。例如，电视剧《长安十二时辰》中考究的画面和内容一度让西安美食和唐朝妆容、服饰"出圈"，对西安文化旅游的拉动效果立竿见影。

进入数字时代，数字化为传统媒体进一步增加了可编程性，在计算机技术的辅助下可以实现更加丰富和复杂的功能，从而进入了新媒体的发展阶段。现如今，新媒体技术已经被广泛应用于文化创意实践，极大地推动了文化传承与传播方式的大胆创新。首先，较为突出的是以微博、微信等为典型代表的社交媒体的应用。该类新媒体除了可以实现用户之间异步或实时通信的基础功能之外，还能够提供包括分享、点赞、评论、关注等社交功能，将相关的用户进行连接，建立交流沟通的渠道，以充分满足人们的社交需求。因此而形成的群体聚集，极大地促进了文化社区的构建和文化氛围的创设，从而为激发文化创意提供了基础。其中，以内容创作为核心。不同类型的内容创作者正在积极投身于内容创作之中，或展示美食生活，或呈现创意巧思，以持续的内容更新能力表现了丰富多彩的中国传统文化。以李子柒为典型代表的"网红"甚至吸引了全球网民的注意力，逐渐成为中国文化的有力的传播者。此外，社交媒体还可以通过增加互动功能，创新文化创意的方式与手段。以微信小程序为例，敦煌研究院开发的"敦煌诗巾"小程序，将敦煌壁画中提取的文化元素制作形成了各种主题和纹饰，用户可以对素材进行选择和组合，DIY 属于自己的敦煌丝巾，从提高用户参与度、增强体验的角度，实现了文创产品设计与实现方式的创新。

随着智能移动设备的普及和移动互联网的发展，移动端 App 已经成为支撑人们生活、工作与休闲的主要工具之一，同时也为文化创意提供广阔的施展空间。在数字文化资源（例如，数字文物、数字建筑等）的基础上，移动端 App 凭借极高的用户渗透率，在增加文化的可触达性方面发挥了重要作用。例如，故宫博物院已经陆续设计上线了十余款 App，旨在构建"指尖的博物馆"，让文物与建筑在用户的指尖"复活"，对用户养成、文化浸染、氛围营造产生了积极影响。其中，《每日故宫》App 通过电子文物日历的形式，每天向用户推荐一件故宫馆藏文物，结合高清图片与精简注释展示精致细节。且每一件馆藏珍品都对应当下的岁时节气，使文化内容与用户需求产生紧密联系，从而增强文化体验。同时，移动端 App 还可以与其他技术（例如，三维展示技术、游戏技术等）相结合，在扩展互动性的基础上创新交互模式，为文化创意提供更多可能性。例如，《故宫陶瓷馆》App 中融入了三维展示技术，用户可以对馆藏陶瓷进行 360° 旋转，以更加生动的互动方式实现虚拟"把玩"文物。另外，故宫还十分关注游戏技术在文化创意方面的应用，不仅尝试将文化元素植入经典游戏中，如《王者荣耀——敦煌飞天皮肤》《奇迹暖暖——故宫系列》等，还开发了一系列文创类手机游戏 App，如《天天爱消除——故宫特别版》《皇帝的一天》等。并且，为进一步发挥游戏技术对文旅发展的促进作用，故宫与腾讯已经达成了长期的战略合作。

在生活节奏不断加快的背景下，人们开始追求更加短平快的精神需求。借助网络技术的普及而飞速发展起来的短视频已经融入了人们的日常生活。短视频具有时长短、内容丰富、制作门槛低、传播性强等特点，被广泛应用于营销推广。文旅行业抓住了短视频盛行的契机进行了大量的创意实践。以古城西安为例，2018 年，西安永兴坊的摔碗酒偶然被网友拍摄上传至抖音短视频平台，收获了上千万点赞，引起极大反响。"摔碗酒"是陕南接待尊贵客人的一种形式。客人将碗中酒一饮而尽，再把碗重重一摔，同时口中默念"岁岁平安"，传说可以赶走霉运。在这条短短 15 秒的视频中，摊位旁堆积成山的碎瓷片、颇具气势的摔碗动作，以及将传统习俗与现代旅游相结合的强互动方式，引得人们纷纷赶往现场体验效仿、并拍摄短视频形成了话题的二次传播。2019 年，在大唐不夜城表演不倒翁行为艺术的冯佳晨因为一段表演短视频再次走红全网。视频中，她化身唐朝仕女稳稳地运作不倒翁底座，伸出纤纤玉手、轻罗曼舞，一颦一笑都让围观的群众"梦回唐朝"。可以说，西安凭借短视频走红，对旅游的拉动效果十分明显。目前，西安市旅发委已经与抖音达成合作，双方将基于抖音的全系产品，对西安的文化旅游资源进行大力的宣传推广，并在抖音上发起"跟着抖音游西安"活动，设置不同的打卡攻略，实时产生新的短视频作品，目的在于将西安打造成"网红城市"，从而推动地方民俗、文创和旅游业的发展。

另一受到广泛关注的新媒体技术是网络直播。与电视直播相比，网络直播的突出特点是主体多样化，电视直播只能由电视台直播，被电视台垄断，而网络直播则是普通民众都可以直播。在内容方面，电视直播一般是针对突发事件或重大事件进行直播，而网络直播的内容局限性较小，涉及才艺展示、产品展示等多个方面。相对于电视直播的单一性、严肃性、复杂性、专项性等特点，网络直播具有直观性、收看的互动性等优势。目前，网络直播已经进入教育、医疗、农业、旅游、体育、电商等各种行业。在文化创意方面，网络直播为传统文化延展出了无穷的传承与传播空间，能够将田园牧歌式的精神生活拉入即时化的现代生活中，利用创意策划提升整个社会的文化消费力。其中，以文创直播带货应用最为典型。例如，2022年5月18日国际博物馆日，网络直播平台快手联合国际艺术IP波士顿美术博物馆（MFA）举办了"遇见莫奈，让美融进生活"主题直播活动。在直播间中，"水哥"王昱珩和快手专业带货主播芈姐一同化身推荐官，为粉丝带来数十件世界知名博物馆的文创商品。此外，两位主播还与博物馆解说员连麦，让用户可以更直观地感受到"云"逛博物馆的氛围，在传递文化知识的同时向用户介绍丰富有趣的博物馆IP文创。近4小时的直播中，观众热情始终不减，直播间累计观看人次超480万人次，总点赞数超200万。可以说，艺术的魅力借助直播的形式获得了全新的传承与传播。不仅如此，网络直播对推动非物质文化遗产的活化方面也起到了重要作用。由于"无形"特性，非物质文化遗产的传承与传播主要依靠传承人的讲解与展示。除了博物馆、非遗馆等专门场所，直播为传承人提供了更加灵活的文化传播平台。例如，直播平台YY于2022年3月20日成立"YY直播炬光联盟"，旨在让非遗传承人从幕后走进直播间，用直播的方式打开非遗，使传统文化走进人们的日常生活。自成立以来，"YY直播炬光联盟"已经发起了以"传承匠心，探索非遗"为主题的系列活动，通过不同的直播形式，让更多的年轻人了解到非遗之美。2022年7月，YY直播走进佛山，主播童琪琪携手佛山剪纸市级非遗传承人邓春红和佛山彩灯市级非遗传承人李文涛，共同开启了以佛山剪纸、彩灯为主题的非遗文化专场直播。此次直播，是 YY 首次尝试将两项国家级非遗同时搬进直播间，开创了一场直播、两项非遗、三人协作的独有直播形式。2 小时的直播，吸引了累计超过 72 万人次在线观看。

目前，大部分文化创意实践主要从文化的内容和形式两方面入手，而新媒体则将对文化内容与形式的作用统一于人机交互界面。随着新一代信息技术在旅游领域中扮演着越来越重要的角色，新技术的应用带来了新的人机交互方式，也促进了新文化创意思路的产生。其中，VR、AR 等虚拟媒体技术的应用尤其突出。该类技术的核心特点是能够对现实世界进行虚拟，并且在虚拟的过程中进行创意。VR 技术凭借其在构建沉浸感方面的优势，已经被广泛地应用于世界各大博物馆和艺术展。例如，HTC 专门推出了 VIVE Arts 虚拟现实艺术计划，旨在透过虚拟现实技术改变人们创作及体验艺术的方式。2021 年 5 月 22 日，HTC VIVE Arts 和英国 V&A 博物馆联合推出一场盛大的 VR 艺术盛宴《Alice：Curiouser and Curiouser》（爱丽丝：越奇越怪）。其中，借助 VR 设备展出了全新的 VR 内容《Curious Alice》（好奇的爱丽丝），将原著《爱丽丝梦游仙境》所构建的童话世界的奇妙瑰丽还原到现实的三维空间中，从多个维度为参展者营造了沉浸式的甚至有些光怪离奇的观展体验。相较于 VR，AR 则体现了与现实世界更为紧密的联系。AR 技术不仅需要创作虚拟内容，更重要的作用还在于将虚拟内容叠加到现实世界之上，以此来增强用户对现实的体验。AR 技术与现实世界独特的交互方式对拓展基于现实的文化创意空间有着极大的促进作用。2021 年河南春晚舞蹈《唐宫夜宴》惊艳网络，成功"出圈"。通过运用 AR 技术，《唐宫夜宴》将《簪花仕女图》等国宝制作成虚拟场景，与现实舞台和舞蹈演员相结合，甚至将现实歌舞放进了虚拟的博物馆场景，制造出了一种"博物馆奇妙夜的感觉"，在增加沉浸感的基础上，为文化创意提供了更多元的艺术手法。

借助艺术手段，营造美学效果，是文化创意提升大众审美素养、能力和水平的主要方式之一。除 VR/AR 之外，另一个被广泛应用于审美创意的新媒体技术是全息投影。通过三维影像的立体投影，全息投影不仅可以实现人/物的虚拟还原或再现，还可以在虚拟与现实结合的基础上进行内容与形式的再创作。目前，全息投影主要用于舞台表演和展览展示。从 2014 年全息投影技术开始广泛应用之后，国内最熟知的应该是 2015 年的春晚，歌曲节目《蜀绣》通过运用全息投影，实现了五个李宇春的同台表演，给观众留下深刻印象。随着全息投影技术的飞速发展，2021 年春晚，李宇春再次以全息投影虚拟人的形象参与表演服装秀节目《山水霓裳》。舞台上 18 个身着霓裳华服的李宇春同时出现，站成一排，使中国风+科技感完美结合，在带给观众极大震撼的同时，充分展现了中华服饰之美。然而，对文化创意产生更大影响的是全息投影在展览展示方面的应用。通过构建沉浸式体验，全息投影为文化创意提供了更多维度的创意空间。以 2018 年 6 月在上海徐汇艺术馆开展的国内首个新媒体敦煌乐舞专题展"乐者敦和·大音煌盛——敦煌壁画乐舞专题展"为例，展览中首先运用动画技术复原敦煌人物形象，融合真人动作捕捉技术提取的舞蹈动作，最后借助全息投影让二维的静态的壁画形象以三维的动态的乐舞形象"活"起来，还原了壁画实景，做到"从壁画中来，再回到壁画中去"，为观众营造了浸入式的感官体验。

近年来，以光影技术为载体，以沉浸式为主要呈现形式的光影景观、光影秀、光影演艺、光影展览等内容已经成为文旅产业的新业态，普遍呈现在旅游景区、文化遗产、文化园区等不同空间，为游客提供了丰富多彩的夜游体验，催生了包罗万象的夜间经济。光影技术主要指的是由现代化的灯光和投影技术组成的技术综合体。除室内室外基础照明外，现如今，光影技术常被用于艺术造景。例如，将艺术灯光、激光投影等光影技术应用于城市建筑、山体崖壁、城墙牌坊、古塔阁楼、雕像结构、河流桥墩、隧道溶洞等实体以打造夜游景观。以老北京的代表之一——正阳门为例，通过在建筑顶面以及楼身的立面补充灯光，所形成的统一光色在突出古建筑宏大巍峨气质的同时，又平添了几分柔丽精致。亮起来的正阳门与天安门、故宫等古建筑依序直列，形成了长达7.8公里的北京光影中轴线，与数以百万计的五彩斑斓的夜灯一起点亮北京的夜空。2019年北京商务局正式印发了《北京市关于进一步繁荣夜间经济促进消费增长的措施》，其中提出打造首批"夜京城"地标即包括前门地区。正阳门作为前门商业区的核心建筑，其夜间形象的打造对该区域夜间经济发展具有重要意义。并且，通过对灯光或投影的智能化控制，可以将内容更加丰富的动态影像进行投射，从而实现各种光影秀或光影演艺。例如，延安的大型灯光山水秀《延安颂》，以整座宝塔山为主体，以西侧的山体崖壁与延安宝塔为载体，以延河与南川的河岸景观灯光以及宝塔山、清凉山、凤凰山的山体景观灯光为辅助，实现了360°环绕演绎的大型多媒体景观灯光投影表演，有情有景地描绘了延安与陕北的文化特色，呈现两万五千里长征波澜壮阔的历史画卷，回顾中共中央在延安与陕北艰苦卓绝13年的奋斗故事。气势宏伟、绚丽多彩的《延安颂》作为延安核心夜游IP项目吸引了无数游客前往打卡，已经成为延安城市文化的新地标、新名片。此外，光影技术还被广泛应用于构建室内光影艺术空间。为进一步促进文旅新业态的发展，许多旅游目的地借助光影技术，以光影艺术展的方式，对当地文化特色进行艺术化的展览展示。2022年5月，一个新型的科技文娱社交空间"杌"（即休憩）空间在西安大唐不夜城揭幕。在繁华热闹的大唐不夜城，"杌空间"的停留会让游客以一种打破空间边界的形式感受多元世界。杌空间处于古都和未来的交汇处，旨在通过光影、科技与艺术，构建充满想象的超现实空间，力图以科技与艺术赋能生活美学，引领新消费活力群体，创新文化娱乐社交消费模式。白天的杌空间通过高清投影、多频动态影像、360°环绕音响、人工智能、机械组合以及实时交互等技术构建了一个智能的光影艺术特展，通过解构和重组色彩，勾勒了另类的世界观。展览包含 7 种色彩系列作品作为体验框架，以红、黄、绿、蓝、紫、黑、白色系的粒子流体画面与个体实时互动，通过动态捕捉技术进行实时渲染，在实时变化的色彩流体画面中加入 CG 数字艺术，让每个区域都有各自独立呈现的手段和观念。与静态的博物馆和美术馆"画框式"观展方式不同，其深度建立起了与观众的互动和联系，尝试以一种全新的观看形式让观众 360°沉浸式体验。

二、产品创意

产品是基于文化展开创意的主要媒介之一。对于产品的定义，也存在广义和狭义之分。从狭义的角度来讲，产品被认为是一种具有特定的物质形状和用途的被生产出的物体。然而，随着社会的发展，人们对产品的认识和理解也在不断拓展。从广义的角度来讲，人们不仅将非物质形态的服务也纳入产品的范围，而且还开始关注产品对于人类需求和利益的满足，强调其所具有的市场价值。尤其人们现如今对精神需求的关注，使产品被要求呈现更多的，甚至超出用户期待的附加值。其中，人们对产品的文化艺术价值和智慧创意价值的追求，让文化创意产品获得了巨大的发展潜力。

文创产品与旅游天然存在着紧密的联系。如今，文创产品已经成为最主要的一类旅游商品。作为旅游六要素"食、住、行、游、购、娱"中"购"的主要表现形式，旅游商品不仅能够为旅游地带来经济上的收益，还能够为其进行二次营销推广。某些成为"爆品"的旅游商品甚至能够对游客形成强大的吸引力。随着旅游业的发展日趋成熟，其对消费市场也越来越关注。现如今，旅游商品已经成为与交通、住宿、餐饮并驾齐驱的旅游业四大支柱。然而，随着人们的需求越来越多元化，大多数旅游商品却依然存在着样式雷同、做工粗糙、性价比低等老问题。文创产品从内容、主题、载体和形式等多个层面都可以和旅游业形成亲密的互动，为丰富旅游体验和提升旅游档次提供有效途径。依托于丰富的文化资源，经过总结、提炼和抽象等创意环节，将其中具有较高的审美艺术价值和群众喜闻乐见的元素转化为旅游商品，不仅能够带来高额的经济收益，还可以提升个人素质，传承、传播旅游地文化，甚至反映一个国家的文化创新能力。

1. 文创产品类型

随着人们对文化旅游的需求不断增长，文创产品作为一种融合了文化和创意的旅游产品，正受到越来越多消费者的青睐。目前，人们对于文创产品的认识，主要集中于以下几类，包括文化旅游纪念品、办公用品、家居日用品、艺术品、科技用品甚至造型设计用品等。根据对文创产品含义的理解，用途是评价或衡量一个文创产品的重要依据。因此，从产品功能的角度出发，可以对文创产品的类型进一步归纳和总结。

（1）以使用功能为主。以文化内容、元素或符号为依托制作而成的，具有某种使用功能的文创产品，例如，书签、笔记本、印章等，常见于我国文创发展的初期阶段。

（2）以审美功能为主。此类文创产品主要以满足人们审美需求为主。

其中，最直接的一类是艺术复制品，例如，对名画或书法作品的高清复制。此外，常见的还有明信片、冰箱贴、画册、书籍等类型，以更加丰富的方式呈现、记录和描述着文化艺术内容。同时，以审美功能为主的文创产品也注重通过与使用功能相结合的方式融入人们的日常生活。并且，随着大众审美需求的不断提高，此类文创产品的研发越来越要求在传统文化的基础上强调艺术与设计，如茶器、饰品、服装等。

（3）以个性化创意功能为主。此类文创产品主要关注细分群体或单独个体的个性化创意表达。得益于信息技术（例如，移动互联网和移动设备等）的飞速发展与普遍应用，在消费者与文创产品之间构建起了交流和互动的平台，并在此基础之上激发用户创意，进一步提升参与度和体验感。以敦煌研究院推出的《敦煌诗巾》微信小程序为例。用户通过选择小程序中提供的提取自敦煌壁画的敦煌文化元素，可以亲自设计属于自己的敦煌丝巾，不仅创新了文化旅游纪念品的制作和营销方式，也为用户的个性化创意表达提供了机会。

2. 文创产品设计

文创产品的设计是文化创意产业的重点内容。目前，其相关研究主要集中在文化、创意、功能和市场四个方面（见图5-1）。文创产品承载着传承与弘扬中华优秀传统文化的使命，因此，所提炼出的文化元素已经成为文创产品的重要标志。例如，故宫的龙袍手机壳中应用的"龙"的形象就是源自经典的皇家文化。对传统文化进行"活化"的最佳方式是将其融入人们的现代生活。尤其，当传统文化与流行文化进行跨越时间的结合时，便成就了文创产品中文化独特的呈现方式。在这一点，值得一提的是故宫的俏格格娃娃系列。"格格"在清代特指王公贵胄的女子。故宫俏格格娃娃根据中国人传统的五官印象，选择清代服饰，利用各种技术手段力图还原真实的清朝格格形象。同时，其"嘟嘴卖萌"的形象又十分契合当下流行的"萌"文化，使该系列一经推出就受到了人们的广泛喜爱。

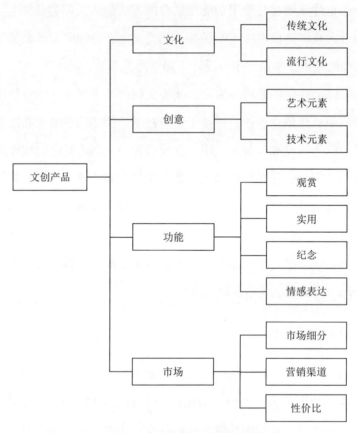

图 5-1　文创产品设计内容总结

　　文创产品不是简单的"复制"文化，而是经由"创意"对文化进行的再解读和再创造。因此，能够指导创意的方式和方法是这个核心环节的重要内容。人们首先想到的是从艺术的角度开始探索，很多艺术家都参与到了文创产品的研发中。例如，大型综艺节目《上新了·故宫》中就引入了来自中央美院等专业院校的大学生和青年设计师，通过他们对传统文化元素进行的现代审美下的再创作，很多符合现今观众喜好的文创产品被研发出来。另外，3D 打印和 VR 虚拟设备等高科技的迅猛发展，也为艺术家和研发者们提供了更加多元的创作工具和平台，甚至启发着人们的创作灵感。故宫在科技赋能传统文化活化方面一直处于领先水平。从端门数字馆开始，故宫在技术创新领域的尝试便一发不可收，先后开发了一系列具有科技感的文创产品。随后，与腾讯展开全面的合作，充分利用腾讯丰富的技术和数据资源，进行传统文化的活化研究。

从功能的角度来看，"观赏"是文创产品的主要功能之一。"赏心悦目"已经逐渐成为文创产品设计方面的基本要求。在呈现美感的同时，通过与更多的实用功能相结合，让传统文化以实用的形式融入人们的日常生活，使用者可以对其中的文化元素如数家珍，才是对传统文化最好的传承和保护。此外，人们也希望文创产品能够更多地实现纪念和情感表达的功能。对旅游者而言，文创产品作为旅游商品不仅可以代表着旅游者对旅游目的地的记忆，也常被用于表达旅游者的情绪情感。其中包含的故事或意义等文化元素，是表达情绪情感的主要媒介。例如，旅游者旅行归来，大多会习惯性地购买一些文创产品作为礼物。尤其，礼物中若包含着某种吉祥文化或祈福意义，会成为分享给亲朋好友的较好选择。

从市场的角度来说，文创产品在设计方面更加注重满足细分市场的需求。尤其，随着年轻群体逐渐成为消费的主力军，他们的兴趣爱好也成了文旅领域关注的重点内容。例如，1995—2010 年出生的一代通常被称为 Z 世代。由他们而产生的"游戏""动漫""潮玩""潮鞋""宠物""剧本杀"等新兴的兴趣点引起了文旅领域极大的关注，并因此而产生了许多新的文创产品类型，例如，盲盒类文创产品。同时，营销方式与方法的变化也对文创产品的设计产生了重要影响。如今，数字营销已经成为主流趋势，其最核心的特点是能够对消费者进行精准分析和产品投放。因此，文创产品可以实现基于旅游消费者偏好的设计，甚至可以使其参与设计，例如，定制类的文创产品。此外，文创产品的性价比始终是产品设计的主要影响因素。一个成功的文创产品设计需要在用料、做工、价格等方面实现平衡。

3. 文创产品创意

创意是文创产品设计的基础，是文创产品研发的核心。前文提到，文创产品的创意主要存在两种实现思路：艺术的角度和技术的角度。首先，文创产品作为文化的延伸品，不管是生活类的（比如，日用品），还是带有明显地域属性的（比如，景区旅游产品），其重要的价值在于透过创意，创造出物品或服务本身价值之外的属性，尤其是艺术性。因此，文创产品本身也可以理解为是一种艺术品。根据艺术相关理论，对一件艺术品的构思、创意、创作、欣赏等环节主要涉及：现实世界、艺术家、艺术品和欣赏者四方面的内容（见图 5-2）。

从现实世界的角度出发，首先，文创产品的创意都会带有一定程度的时代特色、地域特色和民族特色。例如，进入新时代，为彰显文化自信，"国潮"逐渐成为一种新的消费时尚。通过将中国传统文化的美学特征与当代时尚元素有机整合，许多"国潮"产品走红、国产动漫爆火、"老字号"也纷纷推陈出新。除了产品自身，还在于其背后是中华民族博大精深的文化底蕴，是中华优秀传统文化的创造性转化、创新性发展，是深层的文化自信和民族认同。同时，在大的时空背景下，文创产品的创意还会受到政治、经济、文化等因素的重要影响。例如，随着体验经济的到来，人们越发注重精神需求的满足。"国潮"产品通过融入丰富的文化符号、形象和理念进行创新创意，唤醒了根植于国人骨子里的文化基因，推动了商业文化升级和社会文化氛围的营造。此外，文创产品的创意离不开具体的人、事、物等组成部分。例如，购买带有中国传统文化元素的产品已经成为许多年轻人表达情感、彰显个性的重要方式。可以说，新生代群体的生活方式和消费主张加速了"国潮"的兴起。

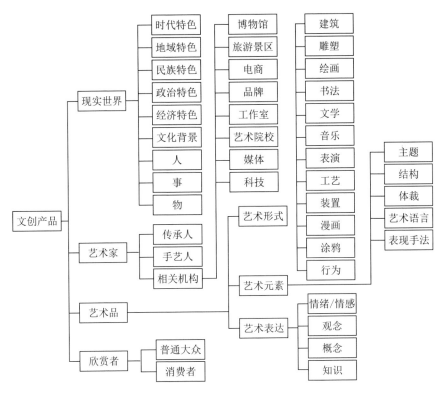

图 5-2　艺术创意模型

　　从艺术家的角度出发，文创产品的创新创意从根本上源于创作者。而在各种类型的创作者中，与非物质文化遗产的传承与传播紧密相关的传承人是尤其值得关注的一类。非物质文化遗产由于其无形的特性，对传承人有着极强的依赖性。"传承"的核心不仅在于代代相传，更重要的是在传承过程中通过融入新的文化内容而不断实现创新和焕发生机。因此，非物质文化遗产为文创产品提供了丰富的创意源泉。如何将非物质文化融入文创产品，助力产品创意的同时，推动其传承与发展是传承人面临的艰巨任务。传承人首先是手艺人。如今，许多年轻人通过苦学技艺，已经成为新生代非遗传承人。他们将自己的定位从单纯的"手艺人"转变为"守艺人"，力图通过对非遗进行创新创意成为新匠人。文创产品为其提供了丰富的创作空间与平台。例如，织绣、面塑、剪纸等"老物件儿"在新一代传承人的全新设计下可以成为大众喜爱的艺术"潮玩"。此外，文创产品的创意还会受到相关机构的影响，比较典型的包括：博物馆、旅游景区、电商、品牌、工作室、艺术院校、媒体和科技企业等。例如，随着文旅科技创新的深入推进，许多文旅产品在创意方面尝试借助科技力量进行"破圈"，使高技术企业的科技资源逐渐成为影响文创产品创意的重要因素。

立足于艺术品本身，当前，对文创产品进行的创意实践主要围绕艺术形式、艺术元素和艺术表达三个方面展开。

一是从艺术形式的角度出发，除建筑、雕塑、绘画、书法等较传统的艺术形式外，为尽量融入人们的日常生活，大多数文创产品以表演和工艺品的形式为主。此外，随着科技在艺术领域的推广应用，在新兴科技的助力下，装置艺术得到了大力发展。目前，文化和旅游主要通过充分利用其极强的交互性提升游客在旅游活动中的参与感，创造文旅消费新场景，创新游客体验。例如，故宫端门数字馆中，基于动作捕捉技术与设备，实现了能够提供虚拟试穿皇家服饰服务的互动装置，创新了游客体验宫廷服饰文化的方式。装置艺术在文化和旅游中与游客的互动为文创产品的创意实现提供了更多渠道。例如，游客在"试穿"皇家服饰的同时，可以通过操作按钮拍照留念，将有趣的体验及时记录和分享。

此外，漫画、涂鸦等新兴艺术形式为文创产品的创意启发了更多灵感。例如，基于我国的文化瑰宝《洛神赋图》，现任教于中央美术学院的"90后"插画师叶露盈以漫画的艺术形式对其进行了艺术再创作，不仅荣获了 2016 年第 13 届中国动漫金龙奖最佳插画奖金奖，更是登上了中央电视台大型文博探索节目《国家宝藏》，生动地讲述了《洛神赋图》的"今生"故事。涂鸦以随意、轻快、简洁、色彩丰富等特点，成为深受现代年轻人喜爱的艺术形式，为其"天马行空"的想象提供了广阔的发挥空间。也因此，对文化和旅游的创新发展产生了积极影响。例如，位于重庆市九龙坡区黄桷坪辖区的黄桷坪涂鸦艺术街，是当今中国乃至世界最大的涂鸦艺术作品群。涂鸦这种新兴艺术形式不仅彻底改变了黄桷坪破旧的城市面貌，也为以四川美术学院为主的文化创意产业发展创造了一个良好的环境。除了以上几种艺术形式，行为艺术在旅游景区中也早有应用，以"活人雕塑"最为典型。真人通过穿戴上应景的服饰，往全身喷涂颜料，再摆出各种姿势来让自己扮演的雕塑更加逼真。相较于普通雕塑，活人雕塑更贴近生活，很多时候还会与游客互动，如摆出各种造型跟游客合照留念。随着旅游对文化的需求不断提高，行为艺术也经常作为文化创意的主要手段，对文化进行更生动的演绎和呈现，例如，西安大唐不夜城的"不倒翁小姐姐"和永兴坊的"摔碗酒"，并由此推动文创产品的创意和衍化。

二是从艺术元素的角度出发，产品中所包含的艺术元素是文化创意的核心。基于对现有文创产品的分析，能够对创意产生重要影响的艺术元素主要包括：主题、结构、体裁、艺术语言和表现手法等。正如一件艺术品总是围绕某一主题展开，一个文创产品的创意同样始于某一主题的选择。例如，故宫的很多文创产品都是以宫廷生活为主题进行创意的。在确定形式和主题的基础上，还需要考虑文创产品的内部结构如何实现，即如何对所涉及的人、事、物、环境等部分进行新的组合和安排，使之形成和谐统一的整体。例如，表演《只此青绿》以舞蹈的形式对绘画长卷《千里江山图》进行了全新的演绎。其中，舞蹈演员的造型、动作、情节、布景等都力图与画作中的山水、颜色、形状、意境等紧密联系，不仅与原作的内容与精神相互映射，同时也实现了艺术创新与超越。同时，与结构紧密相关的还有体裁。对文创产品而言，艺术体裁的选择对创新创意的程度起着重要作用。例如，舞蹈包括古典舞、现代舞、民族舞等体裁。相较于当前古典舞的版本，《只此青绿》若是以现代舞进行艺术表达，其呈现的创意效果可能是颠覆性的。此外，每种艺术形式都有其独特的艺术语言。例如，绘画使用线条，形状和颜色等艺术语言作为主要表现手段。从每一种语言进行深入思考，都可能为文创产品的创新提供思路。例如，通过提取珍贵文物中的颜色进行创新，故宫推出了包括口红，眼影和腮红等在内的系列彩妆。尤其值得一提的是，我国文物的配色大多源自与传统文化五行说（金、木、水、火、土）对应的中国传统颜色（白、青、黑、红、黄）所衍生出来的细分颜色。例如，故宫系列彩妆中热卖的口红颜色之一"胭脂红"便是中国传统红色衍生出的颜色之一，很好地体现了文化的创意价值。以上几种要素将最终统一于表现手法。其中，较为典型的艺术表现手法包括联想、象征、虚实结合等。以联想为例，在我国的吉祥文化中，同音联想是应用较为广泛的，比如，故宫出品的柿柿如意茶器中的"柿子"的"柿"字和"事"同音，表达着事事如意和心想事成的美好寓意。

三是从艺术表达的角度出发，人们不断增长的需求，不仅要求文创产品能够表达情绪／情感，还被要求能够传达概念、观念甚至知识在内的更多内容。例如，故宫"冷宫"冰箱贴等小物件通过直观又充满创意的方式传达了"潮"和"个性化"等现代概念。再如，故宫推出的《皇帝的一天》App，不仅能够给儿童普及故宫所代表的皇家文化，而且对儿童的传统文化和爱国主义教育都有着重要的意义。

　　从欣赏者的角度出发，对艺术品或文创产品的美的欣赏过程也是一种创新创意的过程。随着人们对精神层面的需求越发关注，文创产品也越来越被要求具有审美功能。一个良好的审美体验需要欣赏者对作品或产品进行较为深入的理解。但是，受限于知识储备、生活背景等因素，欣赏者却很难做到对创作者想要表达的思想、观点、情绪、情感等内容进行完全的解读。因此，在审美过程中，欣赏者往往会基于对作品或产品一定程度的理解，通过充分调动和发挥自己的想象，形成相对个性化的审美体验。所以，如何激发欣赏者的想象力和创造力，也应成为影响文创产品创新创意的重要因素。其实，在我国传统的绘画艺术中，许多艺术表现手法都关注到了这一点。例如，南宋画家马远就擅长利用"留白"为欣赏者预留出想象的空间。其名作《寒江独钓图》中画有一叶孤舟，孤舟上的老者正在俯身垂钓，江面上不是波涛汹涌的画面，而是一团和气，四周空旷，寂静无边，不着任何痕迹，没有一个人参与其中，给整幅画面留有无限的想象空间和余地，从而充分突出和渲染了"静"与"独"的意境。文创产品面对的欣赏者主要有普通大众和消费者。对普通大众而言，当前许多文创产品的创意主要集中于对日常生活中文化氛围的营造和浸染。例如，国家图书馆将从鲁迅作品集中提取的一些具有代表性的关键词和名言警句制作成鲁迅系列文创冰箱贴。对消费者而言，如何能够迎合好现代消费偏好和习惯是文创产品在创意方面重点关注的问题之一。从消费偏好的角度出发，许多文创产品的创意与年青一代（Z世代）的消费特点紧密相关，例如，文创盲盒。从消费习惯的角度出发，消费者愈加重视在消费过程中的参与度，通过深度参与进行个性化表达，例如，定制类文创。此外，新的科技环境正在影响着新的消费习惯的改变，也进一步推动了文创产品在创新创意方面的变革，例如，元宇宙的数字藏品就为其提供了新的机遇。

随着新一轮科技革命和产业变革的到来，文化和旅游愈加重视基于科技的创新创意。因此，在对文化产品进行创新创意的过程中，技术自身的特征与特点也成为重点考量内容。从技术的角度进行文化产品创意，关键在于探索文化内容、文化形式与技术实现之间的关系，能将这一切进行有机整合的是人机交互界面。而"人与机器"之间的互动又与"机器与机器"的互动、"人与人"的互动紧密相关（见图5-3）。

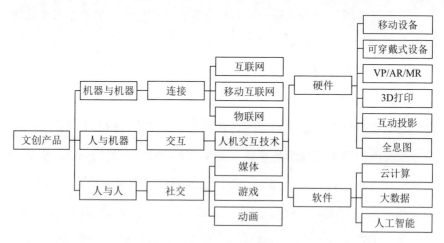

图 5-3　技术创意模型

对人机交互技术的探索，主要集中于硬件和软件两个方面。从硬件的角度出发，许多新装置或新设备可以实现更多的互动功能，进一步拓展了文创产品的创意空间。例如，移动设备为用户参与产品创意提供了平台或媒介。可穿戴式设备为调动用户多种感官（比如，触觉、运动觉等），构建综合体验提供了渠道。VR/AR/MR 作为典型的虚拟技术，从虚拟与现实关系的角度出发，为丰富文创产品的体验价值提供了空间。

比如，"VR 虚拟赏画"可以将二维的画作以三维立体的方式呈现，创新了用户体验。再比如，"AR 明信片"可以通过虚拟形式（动画）讲述文化故事，并与现实（明信片）结合，从而增强用户体验。3D 打印可为用户提供更加个性化的文创产品。互动投影和全息图则经常用于博物馆展览展示和舞台表演，从为观众构建沉浸式体验的角度出发对文化产品进行创意。从软件的角度出发，随着越来越多互动装置或设备的集成应用，需要云计算强大的计算资源作为坚实的支撑。同时，人和机器在交互过程中产生的大数据又可以为产品创意提供分析和挖掘的基础。此外，通过复杂算法对大数据的分析，人工智能不仅可以辅助创意，甚至能够产生创意，对产品创意是极大的助力。

在机器与机器的互动中，现今人们更加关注的是各种技术之间的连接。因此，包括各个领域都对互联网、移动互联网和万物互联的物联网的应用都十分重视。在旅游领域，尤其是智慧旅游，网络基础设施的建设依然是研究重点之一。

能够支持人与人互动的技术主要关注社交功能的实现。微信和微博等新兴社交媒体的出现，极大地满足了人类与生俱来的社交属性。现如今，包括公众号，朋友圈和微信小程序在内的各种微信平台，已经成为旅游领域主要关注的营销手段之一，也为旅游创新提供了更加灵活的平台。随着技术的发展和人们观念的转变，游戏和动画也渐渐成为创新的主要手段和平台。在故宫推出的具有科技特色的文创产品中，就充分利用了游戏和动画进行传统文化的活化。例如，故宫与《天天爱消除》和《奇迹暖暖》等游戏进行合作，分别推出了故宫系列游戏。故宫更是亲自为儿童的传统文化教育开发了《皇帝的一天》App 小游戏。动画的概念不同于一般意义上的动画片，动画是一种综合艺术，它是集合了绘画、漫画、电影、数字媒体、摄影、音乐、文学等众多艺术门类于一身的艺术表现形式。在与腾讯共同组织的"The Next Idea"创新大赛中，故宫充分利用了漫画的形式讲述了《故宫回声》等故事，传播中国传统文化。

故宫文创产品案例分析

近几年，故宫在文创领域取得了不菲的成绩。故宫不只是将传统文化与普通的日用商品进行直接的结合（例如，千里江山图桌垫），而是更加关注对于蕴含在传统文化中一些典型代表元素的抽象和提取，从而使结合的方式变得更加灵活（例如，朝珠耳机和龙袍手机壳）。同时，故宫通过对市场的敏锐嗅觉，将流行元素融入传统文化（例如，冷宫冰箱贴，奉旨旅行行李牌），使其能够更好地满足人们现如今的新需求。例如，故宫众多的文创产品，包括《雍正：感觉自己萌萌哒》GIF，故宫猫系列和俏格格娃娃等，都充分抓住了市场中"萌"这一流行元素，使得古老而严肃的故宫文化变得"平易近人"，更加贴近人们的生活。然而，故宫的尝试还不止于此。除却对于内容的挖掘，故宫也在试图利用各种先进技术手段，对传统文化的呈现方式进行大胆的尝试，从《雍正行乐图》GIF 到《胤禛美人图》H5 互动邀请函，从端门数字馆的数字多宝阁到试穿皇家服饰的互动设备，从人工智能版的召见大臣到 VR 版的虚拟三希堂，从充满小心思的故宫壁纸和故宫输入法皮肤再到寓教于乐的《皇帝的一天》等系列 App，故宫博物院相继开发了许多具有科技感的文创产品。自从打开了新思路，故宫已经开发了 25 大类左右的文创产品，180 余万件文物藏品得以以创意的方式呈现在大众面前。故宫不再仅仅是建筑物，故宫的藏品也成为文化创意研发最宝贵的文化资源。因此，本文以故宫的文创产品为案例，试图通过研究故宫的创新模式，来展开"创意"对旅游消费的影响研究。

表 5-1 故宫文创产品案例列表（艺术类）

名称	描述	特点
千里江山图小立轴	文物属性，艺术品位，精致立轴高仿微喷技术印刷，提取原文物精扫，逼真再现原作细节	艺术品—艺术形式—工艺品仿真，装饰
千里江山图桌垫	环保橡胶，弹性好，韧性强，防水面料，刀模切割，四色热转印，专线精密锁边	艺术品—艺术形式—工艺品美观，实用
龙袍手机壳	此款手机壳的创意来源于故宫博物院珍藏的黄缎彩绣金龙祐袍，传统皇家文化与现代时尚的结合	艺术品—艺术形式—工艺品基于传统文化元素的创意
暖春蝶戏·花丝胸针	出自《暖春蝶戏图》	艺术品—艺术形式—工艺品传统花丝工艺再现
故宫日历	本书是正面印有年、月、日，同时又有英文加以对应。反面印有故宫博物院所收藏的书、画、古籍、青铜器、瓷器、玉器等的日历	艺术品—艺术表达—知识从故宫博物院藏品中另行选材编排，主题明确、结构清晰、内容连贯、具有整体性的作品
事事如意茶器	创作灵感源于柿子，"柿"与"事"谐音，寓意事事如意	艺术品—艺术表达—情感具有美好的寓意
故宫猫系列	故宫经典形象——吉祥、平安，包身选用故宫标志色彩——黄色、红色	艺术品—艺术元素—表现手法将故宫中生活的猫咪作为贯穿古今的线索，以故宫猫作为打开故宫传统文化的独特视角
故宫.小确幸	印刷、烫印、手绘笔记本	艺术品—艺术形式—绘画以"宫里人"的视角，带给大家一个不一样的故宫图案
俏格格娃娃	根据中国人的传统五官印象，设计了这款乌发杏眼，宽额小嘴的中国娃娃，娃娃首次选择了清代服饰，并在工艺允许的基础上努力还原真实的清朝格格形象。	艺术品—艺术形式—工艺品让传统文化"萌萌哒"
雍正御批胶带	朕知道了	艺术品—艺术形式—工艺品幽默风趣中蕴含传统文化

名称	描述	特点
故宫美妆	选取古代瓷器、刺绣、名画中的颜色，做成色号独一无二的口红、腮红、眼影等彩妆	艺术品—艺术元素—表现手法呈现了独特的中国色彩

表 5-2 故宫文创产品案例列表（技术类）

名称	描述	特点
胤禛十二美人图 APP	故宫博物院出品的首个应用，让您指尖轻触，从十二幅美人屏风画像一窥清朝盛世华丽优雅的宫廷生活	360°互动观赏宫廷文物藏品放大镜功能欣赏高清大图深度背景知识提供社交网络及电子邮件分享
端门数字馆互动投影端门数字馆多宝阁端门数字馆虚拟三希堂端门数字馆召见大臣端门数字馆试穿皇家服饰	大型高沉浸式投影屏幕、虚拟现实头盔、体感捕捉设备、可触摸屏	注重体验性和多样性应用虚拟现实和人工智能技术
胤禛十二美人图（动图）	故宫腾讯合作，Next Idea 创新大赛 H5 邀请函	互动古今结合
奇迹暖暖故宫系列	故宫授权【清代皇后朝服】和【胤禛美人图】形象，让 4000 万用户"穿上"故宫珍藏华服，深刻感受中国文化瑰宝的魅力	通过游戏的方式，更有趣、生动、优雅地呈现明清皇家的衣饰之美
故宫回声	故宫博物院携手腾讯动漫和腾讯 Next Idea 共同打造以"故宫南迁"为主题的漫画《故宫回声》	以漫画的形式演绎故宫故事
古画会唱歌	鼓励青年创意者以音乐创作的形式传递中国古画的文化内涵	以 QQ 音乐为平台，故宫博物院首次开放其典藏的《清明上河图》《韩熙载夜宴图》《洛神赋图》等在内的十一幅千年名画，由音乐人以这十一幅古画为灵感进行歌曲创作，打造首张故宫古画主题音乐专辑

名称	描述	特点
国家宝藏	每一件文物流传至今都历经多年风霜，所以必然拥有属于自己的故事，在节目中关于文物"前世今生"的故事将由讲述＋演绎的形式展现	以综艺节目的媒体形式，通过对一件件文物的梳理与总结，演绎文物背后的故事与历史，希望以此唤起大众对文物保护、文明守护的重视
上新了，故宫	打破了大家对故宫的刻板印象，"零距离"走进公众视野，并打造承载故宫故事的文创产品，创新传承故宫文化	以综艺节目的媒体形式，探寻故宫历史文化，并与顶尖设计师联手，设计文化创意衍生品，打造"创新"与"故宫"相结合的制作模式

4. 文化创意 IP

如今，通过借助或创造 IP 实现创新创意，已经成为文创产品延长其系列衍生产品生命周期的主要方式。2022 年春晚，故宫打造的经典传统文化 IP《千里江山图》被改编成一档美轮美奂的舞剧《只此青绿》，引起了巨大反响，圈粉无数。"国风文创"也成为一时热词，并屡屡成为爆款，折射出了当今人们不断提升的文化和审美消费需求。在随后举办的北京冬奥会中，"冰墩墩"作为"中国 IP"横空出世。它以我国独有的保护动物熊猫为原型，以航天员为整体造型，头盔上还镶嵌了象征国家速滑馆的"冰丝带"，其萌态十足的形象受到世界各国人民的喜爱。"冰墩墩"身上呈现的中华元素，也让全世界看到一个更加开放自信的中国，它所诠释出中华文化的包容与友好再一次拉近了与世界各国的距离。近年来，国家持续加大对文化创意产业的扶持力度，大力推动文化创造性转化和创新性发展，客观上为打造中国特色的文创 IP 奠定了基础。与此同时，越来越多的国货品牌通过挖掘中华传统文化，不断进行融合设计与自主创新，互联网也赋予了文创 IP 更为广泛快速的传播媒介，契合了当下中国青年积极表达生活态度、获取价值归属的消费观念，引领了阵阵"国潮"新风尚。

IP 原本是 Intellectual Property 的简称，即"知识产权"。在文化创意产业中，"文化IP"已经作为一种文化符号，有着高辨识度、自带流量以及强变现的能力。基于某个文化主题所打造的文化 IP 的出现，就是要以此为元素讲述系列故事，IP 就是这个系列故事中的主角。文化 IP 的产生与发展常见于文学、影视、游戏、动漫等领域。以影视 IP 为例，从《花千骨》到《诛仙》等众多影视剧让更多人喜爱上了古风文化，渐渐形成各种古风主题的文化IP。此外，《梦幻西游》《王者荣耀》《原神》等经典游戏 IP 也被赋予了越来越多的文化价值属性。随着游戏成为年青一代娱乐和社交的主要方式，通过网络游戏传播中华优秀传统文化已经成为文化创意产业探索的重点内容。并且，"游戏IP+传统文化"已经从较为直接地活用传统文化符号的初级阶段（如《王者荣耀》的敦煌飞天皮肤）；逐渐意识到文化内容才是 IP 可持续发展的基础，从而进阶到借助游戏的情景、故事、人物等元素真正地传递传统文化知识的新阶段（如《原神》中基于中国戏曲文化创作的《神女劈观》，甚至引发了粤剧版、昆曲版、越剧版、豫剧版、川剧版、黄梅戏版的二次创作）；同时，力图在游戏的叙事和互动中传承与更新传统文化的精神与价值（如《梦幻西游》对西游精神的衍生）。可以说，一个好的 IP 以其优质的原创内容或文化元素的重构聚合了一批初代粉丝，通过衍生成影视剧、游戏、文创产品等方式使粉丝群体以指数级增长，同时反哺原始文化IP。两者形成相互支撑、相互融合的生态链条，最终使文化IP 的价值实现转换、变现、放大和生态化。

当前，文化 IP 的应用已经拓展到与传统文化相关的各领域。其中，各大博物馆都在纷纷推出体现自身特色的博物馆IP。以故宫博物院为例，其自身就是一个超级IP。随着人们对故宫IP价值的不断挖掘，故宫一改以往庄严肃穆的形象，不断尝试以更多元的形式融入普通大众的日常生活，甚至走向年轻化的道路。2014年，故宫淘宝微信公众号发布了一篇名为《雍正：感觉自己萌萌哒》的推文，迅速让该公众号的阅读量从平均的四位数第一次突破了10万+，累计转发超过80万次。文中所展现的雍正帝不再是人们印象中性格多疑、为人狠辣的形象，不管是比"剪刀手"的"四爷"，还是动态版《雍正行乐图》中斗猛虎、射飞鸟、逗猴子、濯足抠脚、抚琴晃脑等花样迭出的模仿秀，都描绘出了一个真性情，且气质幽默的雍正。2016年，CCTV-9播出《我在故宫修文物》。该片重点记录了故宫书画、青铜器、宫廷钟表、木器、陶瓷、漆器、百宝镶嵌、宫廷织绣等领域的稀世珍奇文物的修复过程和修复者的生活故事。通过纪录片，不但诠释了"择一事，终一生"的工匠精神，更在这一笔一画的修补中，将藏在历史深处的国宝以平凡人的视角展现在观众眼前。此外，故宫又陆续推出了两档具有文化特色的综艺节目《上新了！故宫》和《国家宝藏》。通过将纪录片的"真实"与综艺节目的"新鲜有趣"两种创作手法融合在一起，以文化宣传为落脚点，契合受众审美趣味为外壳，匹配上纪录片的气质，故宫找到了更符合年轻人思维方式的表达。不仅如此，故宫在年轻化的表达方式方面的探索还表现在对旧时习俗的复原上。2019年，故宫首次举办"贺岁迎祥——紫禁城里过大年"展览，通过在乾清宫前丹陛上重现代表着美好寓意的"天灯"和"万寿灯"等尝试，将康乾盛世皇家过年景象进行还原，让"奉旨进宫"的每一个普通人都感受到了传统文化的深厚底蕴，呈现了一个充满年味的紫禁城，让故宫进一步走进了寻常百姓的生活里。同年元宵节，故宫开放夜市供游人游览，受到大众的广泛的喜爱，"上元之夜"一票难求。2020年，故宫宫廷文化公司与众多明星合作，以"福官送福"的形式推出了"奉天承运——宫里吉福"的主题活动,为人们带去新年的福气。围绕自身IP,故宫先后开发的朝珠耳机、冷宫冰箱贴、"萌系"文创(例如,御前侍卫手机座、八旗不倒翁娃娃)等一系列文创产品也大受好评。此外,为了让文化更年轻,故宫还与各大品牌实现了跨界营销。例如,在奥利奥与故宫的合作中,双方以六百年故宫文化为内核,不仅将体现着中华传统口味的"宫廷御点六味"融入其中,还脑洞大开地在奥利奥版权的游戏片头中用10600块奥利奥打造了"一座能吃的故宫",吸引了大批粉丝。

除了自身IP,故宫通过深挖文化元素,还相继打造了一系列文化创意IP。其中,故宫猫便是最典型的案例之一。2014年,故宫猫悄然走红,吸引了大批游客。因此,故宫博物院决定将故宫猫打造为专属故宫的文化创意IP符号,并以此为基础,研发故宫猫主题系列文化创意衍生品。选择故宫猫来打造文化IP,是因为在故宫里常能看到它们的身影,它们也不怕游客,十分呆萌、可爱。更重要的是,故宫里的猫是故宫历史的见证者。据史料记载,从明朝开始紫禁城就成立了一个专门管理猫的部门——御猫房。这些猫身上浓缩的千年历史文化对比其本身的呆萌、可爱,形成了强烈反差,就像是故宫与普通游客的距离。游客与故宫猫产生了共鸣,一下拉近了大众与故宫的距离,让故宫变得欢乐、有趣。故宫猫IP的打造逻辑是,首先对故宫博物院的猫进行抽象化提炼,让其具有故宫的故事性、传承性;然后融入创新创意,完成IP的设定;接着开发设计相应的衍生品,使其具有场景性、体验性和适配性。故宫猫灵动可爱的"大内咪探"形象被广泛用于抱枕、水杯、手机壳、书包、手表和鞋子等产品上,甚至延伸到大电影、美术绘本、零售品等领域。近年来,除故宫之外,各大博物馆都在致力于打造体现自身文化特色的IP,例如,敦煌研究院的"飞天"、陕西历史博物馆的"唐妞"。通过对文化元素的深度挖掘与创新创意，让我国悠久的历史文化与丰富内涵得以在当下的潮流中焕发新的光彩。

在文创 IP 的打造过程中，创意始终是核心。由于文化中的故事和元素很多与当时的历史背景紧密相关，已不符合当今潮流，因而需要对其进行重新解读和创意表达。在对文化进行重新解读方面，文创 IP 往往聚焦现世的一些社会现象和关键问题。例如，2019 年暑期上映的电影《哪吒之魔童降世》中，给哪吒赋予了"我命不由天"的人格。该 IP 吸引人的地方不仅是电影中浓浓的中国传统文化元素、家喻户晓的《封神演义》的故事以及故事和人物的创新表达，更是因为哪吒用自己"生而为魔，那又如何"的态度与命运进行着斗争。许多人在哪吒身上看到了自己的影子，一个不屈服于命运的年轻人的身影；为人父母的观众也因为它的贴近生活而产生共情。此外，在创意表达方面，人格化的 IP 形象与精神内核已经成为文创 IP 连接粉丝能量、集聚流量的主要方式。故宫猫便是最典型的案例之一。早在明清时期故宫就有养猫的传统，如今故宫里的上百只猫更是成为吸引游客前来的"萌宠"。故宫以故宫猫的形象作为创意来源，将"守卫故宫"作为其精神内核，成功塑造了"大内咪探"文创 IP。该系列现阶段已开发生产 200 多款 SKU，在故宫创办了唯一一家主题形象体验店，用故宫猫形象转化的智能机器人已进入故宫猫生活馆，为游客提供咨询服务。

文化 IP 创新创意最核心的逻辑是跨界融合，也称"破圈"。首先需要打破的就是年龄的壁垒。随着年青一代成为主要的消费群体，他们在新时代的消费需求与消费习惯，对文创 IP 的打造、产品的研发，以及营销的方式上都产生了重要影响。尤其，在 Z 世代对新鲜事物更加包容，消费思想前卫、接受猎奇新潮，更注重个性化的消费体验，更期待产品的科技感、品质感等消费特征的刺激下，文创 IP 为了向年轻化不断靠近，已经做出了许多尝试。其中，通过将不同的IP进行深度捆绑，往往能碰撞出新火花，激起酷爱追求个性化消费和新鲜体验的文创消费者的消费欲望，从而构建起跨界联名的新生态。以三星堆文创为例，相较于受到大众广泛喜爱的、代表宫廷生活美学的故宫文创，三星堆文创开发者面临的主要难题是三星堆文化属于几千年前的古蜀文明，缺乏文字发现，许多疑问还得不到解答，很难与当下生活产生联系。但也正是这样的神秘感，给文创设计者提供了想象空间。于是，他们通过文创开发设计，在Z世代人群中推广三星堆的新形象、新品牌、新IP，尤其是推出了许多"跨界"产品。例如，三星堆与中国超人气偶像男团INTO1合作，推出《古蜀回响》作为国际文化传播曲，话题阅读量达1.5亿，冲上微博热搜榜。此前，还有将电音与三星堆古老文化"跨界"的歌曲《我怎么这么好看》，古老又新潮。通过这些"跨界"，更多原本喜欢音乐的年轻人、网友加入文博爱好者的圈子里。同时，这样的"跨界"，也反哺出更多奇思妙想的创意，与生活搭界。三星堆雪糕、三星堆盲盒、三星堆眼罩、三星堆灯展紧随其后，不少"跨界"产品由于创意出彩，受到网友热捧。比如，三星堆盲盒，将三星堆文物拟人化，青铜小人举着长嘴铜壶，变身成沏盖碗茶的茶倌；青铜纵目面具的小人穿上川剧戏服，玩起了变脸。每款盲盒都具有浓浓的川味，搭配起古老的青铜质感，独具个性。

同时，文创IP的年轻化也带来了物质形态壁垒的打破。基于文创IP衍生出的文创产品已经不再停留于生活用品、办公用品、艺术品等传统物质形态。通过借助科技手段，实现大众对文创产品消费与体验方式的创新创意已经成为趋势。例如，随着互联网和移动互联网的普及，以及移动端App开发技术的成熟，各大文创IP都开始尝试将文化与产品以更加"接地气"的方式带给大众。比如，围绕故宫这个超级IP渐渐有了《故宫》《每日故宫》《掌上故宫》《故宫展览》等优质 App 以及改编的《十二美人图》《雍正行乐图》等动画。此外，除了文创产品本身，消费者更想要感知的是其内在的文化内涵。而各种新技术的应用为进一步拓展文创产品的文化内涵提供了强有力的支撑。例如，《清明上河图 3.0》高科技艺术互动展演借助动画技术、全息投影技术、球幕技术等手段，通过设置《清明上河图》巨幅互动长卷、孙羊店沉浸剧场、虹桥球幕影院等展厅，从各种维度营造观展的沉浸感和互动性，为消费者更加全面、更具深度地感知北宋城市的宏大规模与气象创造了空间。

技术的广泛应用也为文创 IP 的发展突破了产业的壁垒。其中，尤其以文创产业与游戏、电竞、动漫、影视等产业的联动最为典型。以"文创+游戏"为例，基于文化的创意为游戏的迭代创新提供了源泉，同时，游戏丰富的创意元素也为文化提供了无限的创新空间。例如，腾讯的一款老游戏"QQ 炫舞"通过与著名舞蹈艺术家杨丽萍跨界合作，不仅开发了以《瞳雀》为主题的新版本，同时，也将杨丽萍 34 年前的成名作《雀之灵》进行了焕新。游戏的研发团队历经一年多时间，前后投入 20 余位设计师，经过 12 个版本的不断迭代，将传统民间舞蹈与流行音舞元素融合，孔雀舞标志性的音乐、服饰、妆容、舞步，包括经典的手指动作、三道弯等，也都以年轻人喜欢的形式出现在游戏中。有数据显示，《瞳雀》上线期间，游戏月活跃用户环比提升 12%，活动首日参与率达到 93%，创历年新高。从各地博物馆周边商品热销，到游戏、动漫产业联动，"新文创"领域的探索正在不断深入。

三、创意旅游

创意旅游的形成源自创意经济的到来和创意产业的发展。文化和产品创意则为创意旅游提供了丰富的素材和灵感，使旅游活动更加丰富多样。当今社会已经进入创意时代，社会经济的发展不再主要依靠自然资源、生产能力、军事力量或科学技术，创新、创意已经成为核心竞争力，在充分挖掘人类自身主体资源的基础上，形成了高增长、高附加值和低消耗的新的发展方式。在创意经济的背景下，英国政府为挽救传统产业、振兴经济，提出了"文化＋经济"的发展思路，并在《创意产业路径文件》中第一次提出"创意产业"概念，确定了包括广告、建筑、艺术与古董市场、工艺品、设计、时尚、影片和视讯、互动休闲娱乐软件、音乐、表演艺术、出版、软件及计算机游戏、电视与广播等13个相关领域。美国、加拿大、澳大利亚、新西兰等其他国家关于创意产业所包含的项目也基本一致，通常包括软件开发、出版、广告、电影、电视、广播、设计、视觉艺术、工艺制造、博物馆、音乐、流行行业以及表演艺术等产业。基于旅游业自身的产业融合特征，在实践中与其他产业有较多的交叉和融合，尤其受到了文化产业的给养，从而实现了旅游活动从内容到形式的创新。受到创意产业的重要影响，创意旅游已经形成了包括影视旅游、动漫旅游、节事活动旅游、演艺旅游、文化或娱乐型主题公园旅游、历史文化与艺术街区旅游、乡村创意旅游、科技旅游等发展模式。

同时，创意旅游的出现也顺应了新一代旅游者们新的旅游理念、需求以及方式。党的十九大报告明确指出，中国特色社会主义进入新时代，我国社会主要矛盾已经转化为人民日益增长的美好生活需要和不平衡不充分的发展之间的矛盾。随着我国经济社会不断发展，对旅游这种休闲性、娱乐性、精神性和发展性的消费需求不断增长，旅游越来越成为人民群众的刚性需求和生活方式，逐渐成为"美好生活"追求的重要内容。然而，旅游业也存在发展不充分不平衡问题，新时代新矛盾的判断，明确了旅游发展主要矛盾，为旅游业发展指明了方向。新时代中国旅游特征表现为八大转变：从规模旅游、速度旅游向品质旅游、美好旅游转变；从小众旅游向大众旅游转变；从景点旅游向全域旅游转变；从观光旅游向休闲旅游转变；从浅层次旅游向深度旅游转变；从边缘产业向支柱产业转变；从接受跟从国际规则向积极主动旅游外交转变；从旅游大国向旅游强国转变。这些重要转变中，突出体现了旅游者对体验性的重视，从而形成了关于创意旅游的几层内涵。

1. 创意目的

创意旅游以激发旅游者创意潜能，实现旅游者自我价值提升为根本目的。旅游者在旅游的过程中通过学习相应的知识与技能，得到了开发个人创意潜能的机会。如今，许多旅游目的地都在尝试开展各种体验活动，具有创意特点的活动尤其受到旅游者的喜爱与关注。例如，在乌镇陈庄村的竹编传承学院里，旅游者可以亲自动手体验竹编技艺。在老师的指导下，旅游者将在了解竹子相关知识，以及竹编基本原理的基础上，学习如何借助篾尺将相互交错的竹篾压得紧实，从而形成经纬分明的十字纹，并在此基础上设计完成自己的竹编作品。往往在活动结束后，大家都会争相展示自己亲手制作的竹编作品，同时脸上洋溢着骄傲与自豪。可以说，这种在充分调动旅游者能动性的基础上实现的创造感和自我实现感是对更高阶的、更深层的个性化旅游需求的满足。

2. 创意内容

创意旅游对旅游者创意潜能的激发需要以内容为基础。在文旅融合的大背景下，文化产业对创意旅游产生了重要的影响。从时间维度上看，中华优秀传统文化受到了创意旅游的广泛关注，为创意旅游提供了丰富的创作素材。对传统文化的活化已经成为文旅领域研究的重点内容。传统文化带有过去的印记，很难完全满足现代大众的需求，这就需要结合现代社会的发展特点对其进行重新解读。其中，可能涉及认识视角的转换、新文化元素的融入以及不同元素之间的全新组合等。因此，可以看出"活化"的过程也是创新、创意的过程。从空间的角度上讲，创意的核心内容往往基于当地的历史、艺术、传统等具有当地特色的象征性文化。例如，明清以来，竹编在乌镇就盛极一时，村民以此为业，生产竹篮、斗笠、竹筷、竹匾等各种竹制品。可以说，竹编凝结着老百姓世世代代的智慧，饱含着对生活的信念。陈庄村位于乌镇镇南栅外，曾是江南著名的"竹编之乡"。近年来，该村围绕"竹编非遗文化"主题，成功打造了非遗匠人村，并在此基础上开展了许多创意体验活动，不仅为游客创造了激发潜能、提升自我的机会，也为旅游发展注入了新的活力。

3. 创意活动

学界虽然对创意旅游始终没有形成统一的定义，但是，大体上形成了广义和狭义两个层面的认知。从广义的角度上讲，创意旅游主要做一种"背景"，凡是包含创意元素的旅游都可以被认为是创意旅游的一部分。其中主要包含三种类型：①创意景观，主要以创意元素的呈现为主，如博物馆、美术馆举办的艺术展等，以观赏为主，旅游者大多处于被动接受的位置，对旅游者创意潜能的激发较为浅层。②创意空间，通过构建具有创意元素的空间，为旅游者、当地居民以及创意阶层等角色之间的创意互动营造氛围和提供平台，旅游者开始更为积极主动地参与各种活动，对旅游者创意潜能的激发处于中级水平。③创意活动，属于严格意义上的创意旅游，与创意旅游的狭义认知相呼应。创意活动以提升旅游者创造力、实现其自我价值为目的，在汇聚与整合多元创意资源的基础上，通过积极地策划与组织创意过程，为旅游者构建旅游目的地相关知识与技能的学习体验，将旅游者从消费者转变为生产者，从而实现对旅游消费模式的创新。

在创意内容的支撑下，创意活动的实现效果受到游客参与度的重要影响，其中，旅游者与旅游世界之间的交互成为关键因素。目前，相关研究主要集中于感官刺激，尤其以视听刺激最为突出。在具身认知理论的指导下，旅游研究者与从业者也逐渐意识到游客身体在旅游过程中起到的重要作用。因此，在感官层面，越来越多的感官被调动。其中，在人机交互技术（例如，体感技术、可穿戴技术等）的支撑下，增加对游客触觉的刺激成为丰富旅游体验的主要途径之一。此外，借助虚拟技术、光影技术等沉浸技术，游客的空间感、运动觉等构成认知的重要组成部分得以被调动，进一步拓展了创意交互的广度和深度。

第六章　创意与计算

当今社会对于创意的需求自不必说，如何能够更高效地辅助人们创新能力的提升是现如今相关的研究人员主要关注的焦点。随着社会的不断进步和科学技术的飞速发展，各种各样的科技已经普遍应用到了各个领域当中，并为其发展做出了杰出的贡献，其中也包括对创新领域的支撑。

一、信息时代的创意

1. 创意辅助

创意计算概念的出现受到了各种已有的计算机辅助创新技术的启发（如表 6-1 所示）。首先，作为一种研究工具，计算机信息技术已经在创造力相关的研究工作当中充当了非常重要的角色，尤其是认知科学。其学科组成本身就包含着对于计算机信息技术方面的研究，尤其是人工智能方向。除了专门的研究人员，普通大众接触最多的与创新能力培养相关的技术应用主要可以被分成三类：（1）信息资源类。在这一类的技术应用当中分布着大量的与创造力相关的信息和资源，可供用户进行浏览。比如，在 TED 的官方网站中就包含着有关创意的专题，各种文字和视频资源围绕着创意从何而来，创意的瞬间和如何成功等问题展开。（2）课程培训类。如上所述，人们对于创造力的探索从未停歇并且取得了丰硕的成果。基于人们对于创造力的认识，许多个人或者组织开始更加系统化地组织专门的课程或者培训，希望能够从实际应用的角度出发来提高人们的创新能力。法国心理学家 Edward de Bono 便是其中的典型代表。他所提出的横向思维（Lateral Thinking）对创新领域产生了极大的影响，以致欧洲创新协会将他列为历史上对人类贡献最大的 250 人之一。基于横向思维理论，Edward de Bono 进一步发展出了一系列的课程，训练和游戏等。并依托于 E-Learning 的相关技术开发出了网络课程——The Effective Thinking Online Course。（3）软件系统类。对于普通大众来说，相比较硬件，对于各种软件系统更加熟悉。人们的日常生活中离不开对于各种应用软件的依赖，例如 Office Word。尤其对于工作当中经常需要发挥创新能力的人来说，类似的能够用于辅助人们发展创新思维的应用软件是非常必要的。MindGenius 是一款思维导图软件（Mind Mapping Software）。该软件是通过辅助用户的发散思维（Divergent Thinking）来启发用户的创意灵感。

不同于一般的应用，一类较特殊的计算机信息技术专门用于对创新活动过程中所涉及的工具，材料和环境等元素进行虚拟化。其最主要的目的是将这些外部因素对于创新活动的影响降到最低，从而使用户能够更加方便自由地进行创作活动。例如，Magic Piano 作为一款休闲益智类的手机游戏很好地体现了这一特点。这款手机 App 不仅将钢琴进行了虚拟化，而且还添加了许多额外的控制和分享功能。用户在流畅地进行乐曲创作的同时，还能够通过变换音乐元素来体验不同的乐曲风格，对于启发用户的创造力很有帮助。更为复杂的虚拟应用出现在设计领域。一个专门的研究方向——计算机辅助设计（CAD-Computer Aided Design）致力于将各种图形图像技术和设备应用于辅助设计人员的各种设计工作。例如，AutoCAD 作为一个广为流行的绘图工具，能够为用户提供绘制多种图形图像（例如，三维绘图）的环境。使用户能够更加专注于设计灵感，从而设计出好的作品（见表 6-1）。

表 6-1　计算机信息技术在创新领域的应用

分类	描述	实例
研究工具 Research Tools	多种计算机信息技术，作为辅助工具，已经广泛地应用到了创新能力的多项研究当中	fMRI EEG
一般应用 Applications in General	人们日常所能接触到的用于辅助人们创造力的计算机信息技术。其中大致能够分成三类： 1）信息资源类 2）课程培训类 3）软件系统类	Creativity-TED（https：//www.ted.com/topics/creativity） The Effective Thinking Online Course（https：//www.effectivethinking.me/） MindGenius
虚拟应用 Virtualising Applications	此类计算机信息技术主要用于将创新活动中所需的工具，例如，材料或环境等，进行虚拟化	Magic Piano AutoCAD
数字创意 Digital Creativity	作为原材料之一，此类计算机信息技术彻底改变了人们进行艺术创作的方式	Wishing Wall 许愿墙 Les métamorphoses de Mr. Kalia 卡利先生的蜕变
计算创意 Computational Creativity	通过模仿人类的创新思维方式而进行艺术创作的计算机信息技术	EMI（Experiments in Musical Intelligence） IBM Watson Google Magenta

2. 数字创意（Digital Creativity）

如果说前三类应用（研究工具，一般应用和虚拟应用）可以被认为是计算机信息技术在创新领域中的普通应用，那么数字创意就是对其传统方式的颠覆。可以说，创意领域在信息技术的影响下迎来了新一轮的革命——数字革命（Digital Revolution）。各种信息技术从一个相对被动的辅助地位转变为更加主动地参与角色。Google 发起的一个名为 DevArt（Art made with code）的创意项目，旨在基于技术手段以全新的方式展现创意，探索创意与技术的无限可能性。参与活动的艺术家与技术人员能够更加亲密地进行交流合作，甚至，有的艺术家本身就是"技术控"，透过技术的视角，能够将更加多元的元素融入艺术创作当中。脱颖而出的数字艺术作品在英国伦敦的巴比肯艺术中心举办的主题为"数字革命"的展览中进行了展出。Wishing Wall（许愿墙）和 Les métamorphoses de Mr. Kalia（卡利先生的蜕变）是其中比较具有代表性的作品。基于声音识别和情感计算等技术，Wishing Wall——许愿墙（见图 6-1）能够将人们许下的愿望变成色彩斑斓的蝴蝶。其中，不同的蝴蝶类型对应着人类不同的情感。该作品探索了从技术和艺术的角度出发对人类情感进行分析和表达的更多可能性。

图 6-1　Wishing Wall（许愿墙）

值得一提的是 Les métamorphoses de Mr. Kalia——卡利先生的蜕变

（见图 6-2）是由法国的两位艺术家 Cyril Diagne 和 Beatrice Lartigue 创作的一个交互式的数字应用。其特点是应用了 Skeleton Tracking 骨骼追踪技术，通过对用户动作的捕捉，该作品试图探索变形的概念和改变身体结构的自然性能。以体感诗的形式将用户一系列动作的映射以动画故事的形式予以展现。通过这样新奇的方式，启发用户的思考。由此可见，人们现在越来越关注现有的各种先进技术的应用，而且应用得更有新意，更有创意。数字革命（Digital Revolution）展览将在全球各大城市巡回展出，2018 年 1 月已经登陆中国北京王府中环，以"数码巴比肯"为主题亮相。

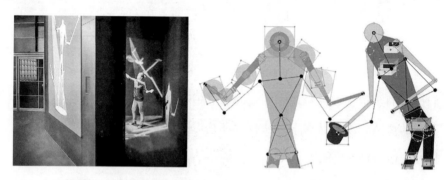

图 6-2　Les métamorphoses de Mr. Kalia（卡利先生的蜕变）

3. 计算创意（Computational Creativity）

一类更为复杂的计算机辅助创新技术是计算创意（Computational Creativity）。计算创意是受人工智能思想启发的一类技术应用。虽然从哲学的角度还存在着许多对于机器创造力（Machine Creativity）和人类创造力（Human Creativity）之间联系和区别的讨论，大量的认知科学领域的研究成果已经构成了计算创意领域的坚实基础。例如，Professor Margaret Boden 在她的著作《The Creative Mind：Myths and Mechanisms》

中对于不同类型的创造力进行的讨论，可以说，为创造力的可计算性提供了可能性。一个非常经典的实例便是由音乐教授兼作曲家 David Cope 推出的软件 EMI（Experiments in Musical Intelligence）（见图 6-3）。该软件能够通过分析现有作曲家的作品，创作出具有该作曲家风格的全新的作品。曾经，对 EMI 所创作的具有巴赫风格的作品进行了实验，其结果令人惊奇。EMI 的作品被普遍认为是巴赫真正的作品。反而，由音乐教授创作的具有巴赫风格的作品被认为是由计算机程序创作的。

图 6-3　EMI（Experiments in Musical Intelligence）

另一个颇具代表性的实例要数 IBM 推出的人工智能 Watson。2011年 Watson 首度亮相智力竞技节目 Jeopardy! 引起了不小的轰动，一举击败了上一届的真人冠军。基于自然语言处理和机器学习，Watson 能够从大量的数据中发掘人类可能无法触及的信息，甚至知识。随着 Watson 被逐渐应用于零售，医疗和金融等行业并取得了极好的效果，IBM 开始思考更大胆的问题——如果计算机不仅能够思考，而且能够创造呢？为了探索 Watson 是否能够具有这种能力，人工厨师（Artificial Chef）版本的

Watson 诞生了（见图 6-4）。通过对大量的食品理论和菜谱等的学习，Watson 能够对食材进行不同的组合搭配以创造出有创意的菜肴，其"烹饪水平"现已达到米其林大厨级别。

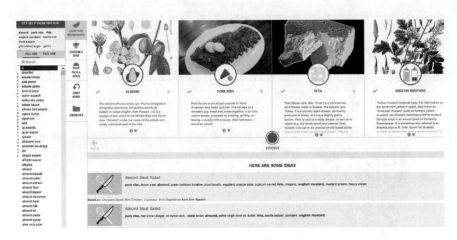

图 6-4　IBM Chef Watson

除了在烹饪艺术中大胆尝试，Watson 还涉足了时尚界。其第一个尝试便是对 12 个时尚品牌（Coach，Jonathan Simkhai，Delpozo，Marc Jacobs，Alexander Wang，Brandon Maxwell，3.1 Phillip Lim，Public School，Ralph Lauren，Prabal Gurung，Jason Wu 和 Dion Lee）发布会上的 467 张照片作分析，运算得出一份综合时尚趋势报告。其中，通过对服装的用色、廓形、图案、剪裁等元素的分析，Watson 能够让我们清晰全面地了解到设计师之间的相似程度（如图 6-5），距离越近，相似度越高。而 Watson 真正在时尚界崭露头角是分别在 2016 年 5 月有时尚界奥斯卡之称的 Met Gala 的红毯秀上和 11 月 Vogue 十一周年庆典活动中。在 Met Gala 的红毯秀上，IBM Watson 与英国设计师品牌 Marchesa 进行合作设计人工智能礼服。礼服上的 150 朵绣花上均内置 LED 灯，社交媒体上网友对裙子的评价将直接反映在裙子的灯光上，例如，灯泡变成红色则表示网友很激动，而变成紫色则表示了好奇的心理。

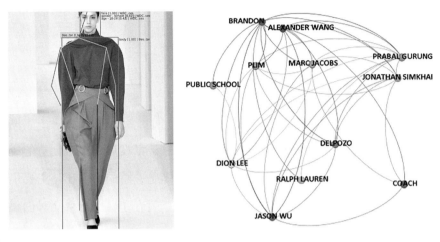

图 6-5　Watson 时尚分析

　　而在 IBM Watson 与中国设计师张卉山的合作中，为了能够为李宇春设计一件最完美的礼服，IBM Watson 阅读了上百万条来源于社交媒体的图片及文字，学习、理解设计师的风格特点、适合李宇春的时尚元素，以及粉丝对她的时尚造型的评价，建议和期待，帮助设计师 360 度了解李宇春，从而准确把握李宇春的时尚特质。然后，IBM Watson 根据设计师的构思，从 50 万张时尚经典图片里识别出礼服的时尚元素，包括廓形、面料、颜色。最后，Watson 推荐了 2500 张图片供设计师参考。在整个设计过程中，李宇春也全程参与，并穿着亮相。就如 IBM 在艺术中的尝试一样，Google 也在 2016 年发起了名为 Magenta 的新项目，旨在探索将机器学习应用于音乐和艺术创作的可能性。由此可见，计算机信息技术不但更加积极地参与到各种创新活动中，而且，由于认知科学和人工智能等领域的发展和应用，更有占据创新主导地位的趋势。

二、将"创意"融入"计算"

1. 创意计算（Creative Computing）

到目前为止，尽管计算机辅助创新的方向已经从对普通应用（例如，研究工具，一般应用和虚拟应用）的关注逐渐发展到了对创意的应用（例如，数字创意和计算创意）的追求，但是，总的来说还是主要集中于对计算机信息技术应用方面的研究。问题就在于，由于社会对创新需求的不断增长，对计算机信息技术本身也提出了越来越高的要求。那么，我们是否也应该思考对于计算机信息技术本身的"变革"，从而实现从"新方式"到"新技术"的探索？

随着各种信息技术在创意方面的应用不断深入，信息技术领域本身也受到了创意相关元素的极大影响，逐渐体现出具有创意性的特点。例如，一种新型的电脑编程方式——创意编程（Creative Coding）的出现便是一个典型代表。创意编程之于传统编程最大的区别在于它更注重的是程序的表达性，而非功能性。如何像一位艺术家一样用编程语言为工具去描述和表达创作的灵感是创意编程最为关心的问题。物质极大丰富的21世纪，社会早已进入了供大于求的生存状态。现今，人们关注更多的是"有什么趣"的问题，而不再是"有什么用"的问题。比如，一张普通的风景图片，通过怎样的"描述"，才能够引起人们的兴趣，并启发思考才是创意编程所关心的（见图6-6）。

图 6-6　创意编程（Creative Coding）

　　基于以上的分析和总结，将"创意"融入"技术"是利用技术手段辅助创意的创新路径之一。因此，创意计算（Creative Computing）的内涵如下：

　　通过创意的计算方式和技术手段，辅助人们创新能力的提高。

2. 创意计算与计算创意

　　虽然创意计算（Creative Computing）与计算创意（Computational Creativity）都是为了服务于人类创造力，但是，两者既相互区别又相互联系。

区别在于：计算创意对应的英文是"Computational Creativity"，根据语言逻辑分析，其重点在于"Creativity"创造力，而创造力通过融入创新创意过程，凝结为具体的创意产品或作品体现。人工智能技术为计算创意的实现提供了解决方案。因此，计算创意的核心是模仿人的创意思维过程，人的创意依然是计算创意的基础；而创意计算对应的英文是"Creative Computing"，其重点在于"Computing"计算，通过使技术自身具有创意的特点，调和计算机技术的客观性与创新创意的主观性之间的矛盾。创意计算基于创意的计算方式，往往能够输出新颖的（Novel）且有价值的（Valuable）计算结果激发用户的创新思维和创意过程。因此，对比计算创意，创意计算的实现并不依赖于人的创意。

联系在于：计算机科学与技术是创意计算与计算创意的基础。随着科技的飞速发展与普遍应用，服务于某一专业领域的同时，也对其造成了重要影响，包括人的思想与行为模式的改变、组织机构和业务流程的调整，甚至引起整个行业的巨大变革。旅游行业的信息化、数字化和智能化转变就是较为典型的例证。创意计算与计算创意均源自计算机技术在创意领域的应用。计算创意主要作为艺术创作的工具，用于产出创意作品，如数字音乐、数字绘画、数字诗歌等。创意计算则更加关注科技在激发创意灵感方面的潜力。基于持续不断的创意输出，通过人机互动形成对创意思维的有效刺激与引导，是创意计算应用于创新和创意领域的主要方式。

3. 创意计算的 4P 模型

根据创意领域的 4P 模型，要想实现创意的计算方式，需要考虑以下四方面：

（1）具有创意特点的产品（Creative Product），如艺术品；（2）具有创意元素的过程（Creative Process），如作曲的过程；（3）具有创造力的人（Creative Person），如苹果前 CEO 乔布斯；（4）创意所需要的环境（Creative Press），如 Google 的创意工作环境。

受到具有创意特点的产品（Creative Product）的启发，创意计算研究的重点内容之一是开发具有创意特点的技术产品来辅助人们创新能力的提升。由于创意计算关注的是计算机技术本身，如何调解计算机技术的客观性（Objectivity）与创意的主观性（Subjectivity）之间的矛盾是该方向的主要研究问题。人机交互是该问题的主要突破口之一。技术对用户产生某种影响与作用往往是一个循序渐进的过程。其中，用户的输入与技术产品的输出交替发生，在不断整合输入与输出的过程中，用户的思维与行为将得到持续的影响与作用。随着认知科学、心理学、哲学和艺术等领域对创意相关规律的研究不断深入，创意技术产品可以在输入与输出之间建立创意逻辑关系，通过构建传统输出与创意输出之间的偏移来启发用户的创意思维，从而提升创新能力。

受到具有创意元素的过程（Creative Process）的启发，融入了创意元素的技术产品开发过程也是创意计算关注的重点之一。如果将具有创意特点的技术产品比作艺术品，那么其开发过程则趋近于艺术创作过程，对各种创意元素有着较高的需求（如创意工具、创意方法、创意活动等）。然而，除了部分前沿或敏感企业，一般的技术产品开发过程的重点主要集中于实现高效的产品开发，其过程较为"循规蹈矩"，难以满足艺术创作过程中对于各种创意的需求。例如，英国心理学家华莱士将创意过程（Creative Process）总结为四个阶段：准备阶段（Preparation）、酝酿阶段（Incubation）、明朗阶段（Illumination）和验证阶段（Verification）。其中，酝酿阶段是拓宽视野的过程。在这一阶段，创作者被鼓励广泛涉猎多学科、多领域的信息与知识，从而掌握多维认知角度，为实现洞察

（Insight）做准备。进入明朗阶段（Illumination），人们的思想开始发生激烈碰撞，许多创意的理论、方法、工具等可以作用于该阶段以实现对创意的激发。例如，认知科学研究发现，大脑有两种思维模式：专注模式（Focused Mode）和发散模式（Diffuse Mode）。处于专注模式时，大脑的注意力集中，只有局部的神经连接处于激活状态，有利于解决实际问题。处于发散模式时，大脑是放松的状态，神经信号可以在脑内大面积移动，有利于实现远距离神经元的连接，从而发挥创造性。因此，在明朗阶段可以通过做一些放松的事（如洗澡、散步、跑步等），让大脑主动进入发散模式。但是，在一般的技术产品开发过程（如软件工程的瀑布模型）中较少涉及对该思维过程的辅助或刺激。此外，创意过程的实现离不开具有创造力的人（Creative Person）。因此，创意计算不仅关注如何将技术产品的开发过程与创意过程进行融合，同时注重开发人员自身创造力的培养。可以说，创意计算不仅致力于提高用户的创新能力，同时也关注对开发人员创新能力的辅助。

受到创意所需环境（Creative Press）的启发，创意计算将研究重点聚焦支持创意的运行平台。关于创意环境的理解可以分为广义和狭义两种。广义的创意环境可以理解为人、事、物所处的具有创意特点的特定环境（如 Google 多元化的办公环境）。从该角度出发，对创意环境的构建可与开发人员创新能力的培养与提升紧密联系。创意计算更加关注狭义的创意环境，即为技术产品提供的，能够支持创意的平台。将一般的技术产品部署于该平台之上，可以使其在一定程度上实现创意功能。对软件产品而言，介于系统软件与应用软件之间的中间件为创意平台的实现提供了媒介。基于系统软件的基础功能，通过融入创意元素，中间件可使与之衔接的应用软件表现出创意的功能。对硬件产品而言，旨在"万物互联"的物联网为服务于创造力提供了广阔的平台。对创新创意的激发是一个复杂过程，其中可能涉及多种技术需求。物联网能够将具有不同功能和特点的技术产品有效地组织起来，共同辅助人们创新能力的提升。

因此，创意计算主要包括三种实现方式（见表6-2）：

一是开发具有创意特点的技术产品；

二是设计融入创意元素的开发过程；

三是构建能够支持创意的运行平台。

表6-2　创意计算体现创意性的三方面

创造力的 4P 模型	创意计算
具有创意特点的产品 Creative Product	创意技术产品 Creative Computing Product
包含了创意元素的过程 Creative Process 具有创造力的人 Creative Person	创意的技术产品开发过程 Creative Development of Computing Product
所需要的环境 Creative Press	为创造力服务的运行平台 Computing Platform for Creativity

创意计算经典案例：

创意搜索引擎Syzygy Surfer

作为创意计算的经典案例，不同于传统的搜索引擎，创意搜索引擎 Syzygy Surfer 通过为人们提供具有创意特点的搜索结果来辅助人们创新能力的提升。传统的搜索引擎，如 Google，百度和雅虎，不管是应用 PageRank 技术还是深度学习算法，最主要的目的都是为用户提供更加准确的搜索结果。然而，Syzygy Surfer 所追求的是一种不一样的、出乎意料的、甚至是有点儿令人惊奇的搜索结果，希望能够通过用户对搜索结果的思考，启发用户的创新思维。例如，如果用户输入单词"Book——书",传统搜索引擎的结果可能包括:购书的网店,书的定义和各种书单等。然而,创意搜索引擎的结果却可能包括:明代古典家具黄花梨嵌百宝大四件柜、国宝大熊猫、大卫雕像等。从实践的角度讲,利用包罗万象的网络环境所具有的"创造力"实现创意计算的可能性。

创意搜索引擎 Syzygy Surfer 的搜索结果所呈现出的"非相关性"并不是无意义的,其背后存在着与激发创新思维相关的复杂逻辑。Syzygy Surfer 的实现原理正是受到了上文提到的啪嗒学(Pataphysics)核心概念 Syzygy 的启发。啪嗒学的本质中对"意外性"的追求正好为 Syzygy Surfer 产生创意的搜索结果提供了可能性。Syzygy 原本是来自天文学的概念,表示三个天体并列的天文现象,例如,日食或月食。被引入啪嗒学中,代表能够启发人们想象力的并列操作。例如,双关语(Pun)就是一种非常典型的语义并列的现象,往往会出现在很多文学创作中。然而,在 Syzygy Surfer 的创意搜索算法中,为了进一步实现能够启发创新思维的有意义的并列操作,所结合的是被命名为平行类比——Parallel Analogy(Panalogy)的方法。该方法是鼓励用户从不同的角度来理解一个事物,而不同的理解角度可能带来意想不到的联系。例如,对于"Table——桌子 / 表格"的理解,从有腿的物体的角度,可以与"椅子",甚至"人"等产生联系;从家居摆设的角度,可以与"沙发""柜子"等产生联系;从科学的角度,又可以将其与"元素周期表"建立联系。多种事物之间的联系能够为用户提供多个思考维度,从而激发用户的创新能力(如图 6-7 所示)。

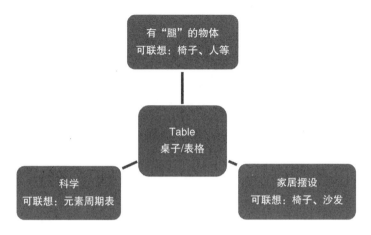

图 6-7　Panalogy

偏差器 Deviator

Deviator 是基于创意计算的理念实现的软件产品（见图 6-8）。
Deviator 源于 Deviation 概念，在拉丁语中对应的单词是 Clinamen，与
Syzygy 类似，同样来自啪嗒学（Pataphysics）。

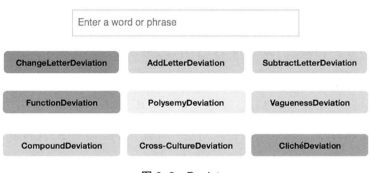

图 6-8　Deviator

Clinamen 最初的含义是指原子不可预测的转向，即偏移。人们相信，

正是因为这种"偏移"，才产生了一个充满多样性的世界。同时，"偏移"作为一种技法也被广泛应用于艺术领域。例如，《神奈川冲浪里》就是由日本画家葛饰北斋利用这一技法绘制的（如图6-9所示）。葛饰北斋实际上绘制了一系列描绘富士山景的画作，每一幅画都是通过改变前一幅画的一点内容，也就是通过刻意制造"偏移"来完成的。但是，这种"偏移"往往是无法预测的，甚至是出乎意料的，也正是由于这种不确定性，使葛饰北斋最终创作出了这幅著名的代表作。

图6-9 神奈川冲浪里

啪嗒学（Pataphysics）中的Clinamen则描述了一种思维的"偏移"，代表了一种偏离传统的思维方式（见图6-10），作为激发人的创造性思维的基础。所谓传统思维，就如人们经常从"A"联想到"B"。例如，从"蟾蜍/Toad"人们通常会联想到"青蛙/Frog"。那么，Clinamen旨在帮助人们跳出固有的思维模式，实现从"A"到"B"的联想，从而转换视角，达到激发创意的目的。例如，Clinamen可以帮助用户从"蟾蜍/Toad"联想到古埃及神话中以青蛙为形象的生育女神"赫盖特/

Heqet"，实现了从生物学视角向文化视角的转换，这种思维的转换或者偏移，是产生创新创意的基础。

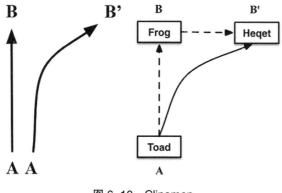

图 6-10　Clinamen

　　Deviator 是基于 Clinamen/Deviation 的"偏移"思想实现的一个创意计算的软件系统。根据对人类创造力的各种研究，人们发现具有创意思维的人具有许多共同的特性，对歧义的容忍度（Tolerance of Ambiguity）就是其中之一，它可以帮助人们将看似不相关的现象联系起来，并产生新的想法或替代方案。因此，为了进一步拓展"Deviation/ 偏移"操作，需要"Ambiguity/ 歧义"所产生的模糊性的帮助，这一点在语言学中体现得尤为明显。例如，Cliché 通常被理解为俗语，老生常谈，甚至陈词滥调。然而，也正是因为使用的高频率造成的广泛接受度，为基于"偏移"的创意联想提供了丰富的素材。比如，"An apple a day keeps the doctor away/ 一天一个苹果可以让医生远离"是一句在中英语境中都非常典型的俗语。在这句话中，"苹果"不仅是一种水果，而是与健康或健康的生活方式紧密相关。因此，类似 Cliché 产生的这种歧义可以为人们从一个视角转向另一个视角提供可能性。Deviator 的尝试从文本歧义开始，通过利用一词多义（Polysemy）、复合词（Compound）、跨文化歧义（Cross-Culture）等文本歧义现象，形成了 Deviator 的九个创意偏移操作（见图 6-8）。

以基于"一词多义"实现的 PolysemyDeviation 为例，一个单词可能包含多种含义。例如，"Bridge/桥"可以同时被理解为"跨度/Span""电路/Bridge Circuit""鼻架/Nosepiece""甲板/Bridge Deck"等（如图 6-11 所示）。

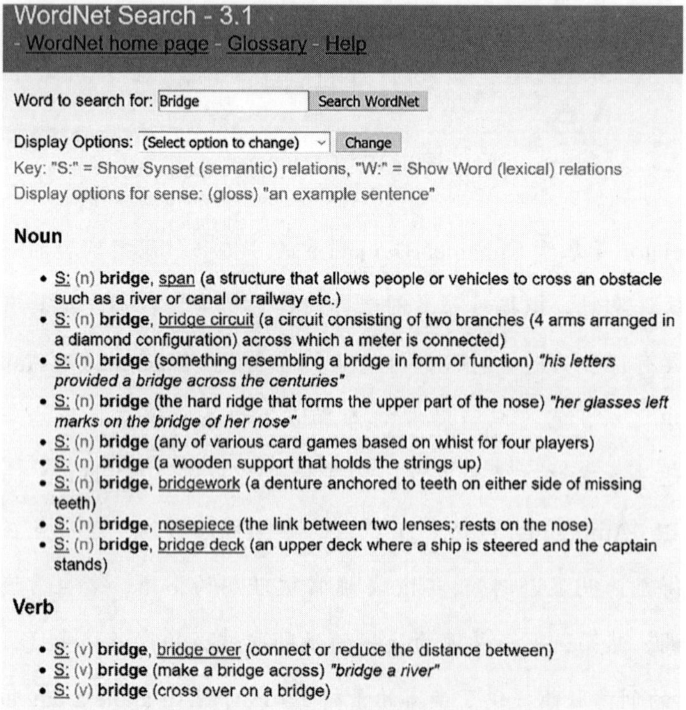

图 6-11 "Bridge/桥"的多种含义

一个词所具有的多种含义可以用来引导人们转换/偏移到不同的角度来看待事物，从而启发创意。例如，如果用户输入"Bridge/桥"一词，一般的搜索结果可能包括英国伦敦的著名桥梁"滑铁卢"桥，又或者是一部经典的爱情电影《魂断蓝桥》。而 Deviator 却可以为用户提供

"出乎意料"的处理结果，比如，通过将"Bridge/ 桥"基于"一词多义"偏移到"Deck/ 甲板"，并且基于对该词的联想分析（见图 6–12），可能输出"历史悠久的甲板船 ELVA C Deck Boat"这一"令人意外的"搜索结果（如图 6–13 所示）。这样的"偏移"可以从一定程度上对用户的思维进行拓展，从而激发用户的创意潜力。

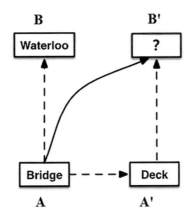

图 6–12　Logics of PolysemyDeviation

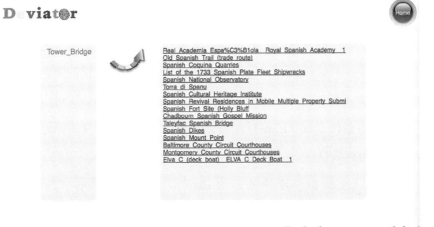

图 6–13　Deviator Results of PolysemyDeviation

三、学科交叉与知识融合

创意计算的核心指导思想是：知识融合（Knowledge Combination），旨在将多学科、多领域的知识进行深度融合，探索解决问题的新视角和新方法。

1. 知识的分类

最早将"知识"作为概念探讨的是古希腊的柏拉图，他认为："一条陈述能称得上是知识必须满足三个条件，它一定是被验证过的（Justified），正确的（True），而且是被人们相信的（Belief）。"其中，揭示了知识与真理（Truth）的紧密联系。马克思认为，真理分为绝对真理和相对真理。绝对真理追求的是对世界终极的解释，如理论物理领域中的弦论（String Theory）旨在提出描述整个宇宙的"万物理论"；而相对真理则强调对世界的任何认知都是建立在一定的条件范围内的，如人类目前所掌握的天文知识就是在未知的暗物质和暗能量大量存在的前提下建立起来的。随着对暗物质和暗能量研究的不断深入，现有的宇宙认知模型可能将持续被修订。根据马克思主义真理观，知识同时也具有绝对性，且与其相对性是对立统一的关系。虽然，现存的知识可以被理解为是在一定条件下成立的相对知识，但是，所有的知识探索始终以发现绝对知识为终极目标。

对知识发展相关规律的研究逐渐形成了哲学领域中的认识论（Epistemology），即关于知识的知识（Knowledge about Knowledge）。认识论的基本问题之一是"究竟是否存在任何重要的先验知识"。字典中对"知识"的定义是"人们在改造世界的实践中所获得的认识和经验的总和"。先验（拉丁语：a priori）在拉丁文中指"来自先前的东西"，或引申为"有经验之前"。近代西方传统中，认为"先验"是指"无须经验"或"先于经验"获得的知识，是人类认知器官中先天具备的，如果没有这些先验知识对人类个体认知的建构，人类个体就不具备经验的能力。先验知识通常与后验知识相比较，"后验"指的是"有经验之后"，即"需要经验"。这一区分来自中世纪逻辑所区分的两种论证，从原因到结果的论证称为"先验的"，而从结果到原因的论证称为"后验的"（拉丁语：a posteriori）。通常来说，理性主义者相信存在先验知识，以笛卡儿和莱布尼茨为代表的理性主义认为知识通过推理获得，而非经验，数学和逻辑真理的必然性是其佐证。而经验主义者认为所有知识根本上源于某种经验（通常是外部经验），即便有先验知识在某种意义上也不重要。

基于此，随着知识的不断积累，逐渐发展出多种类型。应用较为广泛的一类将知识分为命题性知识（Propositional Knowledge）、过程性知识（Procedural Knowledge）和个性化知识（Personal Knowledge）。命题性知识由事实（Facts）构成，如"1+1=2"，"狗是哺乳动物"等。因此，该类知识又可以被认为是"关于是什么"的知识，即 Knowledge What。过程性知识表现为某种能力（Ability）或技能（Skill），如驾驶知识的习得最终表现为某种程度的驾驶能力。因此，该类知识又可以被认为是"关于如何做"的知识，即 Knowledge How。其中，过程性知识包含着部分命题性知识。例如，学习驾驶知识，首先必须了解交通规则，车内仪表盘和控制面板的各个功能，以及离合、油门、刹车的位置和操作方法等命题性知识。然后，经过持续亲身参与驾驶实践，不断协调整合认知和操作，从而最终形成驾驶能力。个性化知识主要指通过个人感知形成的对事物的认识。其中包含两方面含义：一方面，个性化知识必须由个人亲自感知，如形容一张桌子的颜色，个人必须亲眼看见并识别（视觉感知）桌子的颜色，而不是经由他人转述；另一方面，个性化知识受到个人的背景、偏好、认知和经验等因素的影响较大，如同样是形容一张桌子的颜色，可能存在深棕或浅棕等不同表达。虽然同样都是棕色，但是，不同的人也可能会有不同的理解。因此，该类知识又可以被认为是"关于亲知"的知识，即 Knowledge by Acquaintance①。

2. 知识融合与创意

创意计算以知识融合为指导思想。知识融合（Knowledge Combination）是指将多学科、多领域内的，具有不同内容和特点的知识进行融合。所谓"融合"，不是各学科或领域知识内容的简单相加，而是知识逻辑的深度整合。在应用实践中主要表现为能够从不同学科或领域的视角进行思考。知识融合的基础是知识的融通性（The Unity of Knowledge），描述了各学科、各领域的不同知识之间存在的共通的、统一的规律②。其本质原因主要在于所有的学科都起源于哲学，包括科学、艺术等，哲学是一切学科的基础。哲学，即 Philosophy，是古希腊语 Philo + Sophia 的结合体。Philo 意为热爱，Sophia 意为知识，直译即为"热爱知识"。哲学会成为人类历史上的第一门学科，正是出于人类对于知识的热爱，与将知识系统化的渴求。纵观古今中外，无论是古希腊哲学，古印度哲学，抑或我国的诸子百家，哲学都是认识世界，认识知识，认识自我的第一途径。因此，不同的学科或领域知识在一定程度上享有相通的哲学内涵。在此基础上，创意计算旨在跨学科、跨领域地寻找关于

---

① 详见罗素的《哲学问题》。
② 详见爱德华·威尔逊的《知识大融通》。

创新创意的普适规律。

知识融合已经成为知识发展的主要趋势。从需求角度出发，当今时代，人们赖以生活和工作的环境已经变得极度复杂，单一领域的知识早已不能满足人们的需求。就连回答"天空为什么是蓝的"这样看似简单的问题，都会涉及物理（光的散射），化学（氧气和氮气分子的大小）和生物（眼睛对不同颜色的敏感性）等多个学科和领域的知识，当面对复杂问题时，人们更加需要丰富的知识和广阔的视野。从知识角度出发，新学科或新领域的产生与发展依赖于知识融合。在知识诞生之初，为了发展效率，各个学科彼此是独立存在的。随着知识的积累，学科范围不断扩大，学科与学科之间逐渐产生了交集，学科边界开始变得模糊。一个研究问题可能会在不同的学科领域内被讨论。例如，研究问题"如何将信息技术更好地应用于旅游"在旅游领域和信息技术领域都进行了广泛探索。旅游领域关注的是如何充分应用信息技术手段来分析和解决旅游问题，以及信息技术的应用为旅游领域带来的影响或变革。信息技术领域则重点研究以计算机技术为核心的技术本身，如改进机器学习算法以实现更高效的旅游大数据分析，进一步推动智慧旅游的发展。随着交集的持续扩大和日趋成熟，最终产生了新的学科或领域，如智慧旅游，生物信息学，信息加工心理学等，而这些新的生长点往往能够带来新的研究突破。

由于新时代对创新的渴望，我国专门提出了下一代创新模式，即创新 2.0，目的在于以人为本，试图将每一个普通人都融入进来，实现大众创新、共同创新和开放创新。其中有两点值得注意，首先，"创新 2.0"是在新一代信息技术支持下的创新模式，强调了新一代信息技术对创新的作用和影响。当前，新一代信息技术主要包括移动互联网、物联网、云计算、大数据、人工智能等典型前沿技术。依托万物互联的网络环境，辅以超强的计算能力，配合海量的数据分析和多元的智能转化，新一代信息技术能够为创新创意活动提供一个更加开放自由的平台。例如，麻省理工学院提出的微观装配实验室（Fab Lab），作为一个几乎可以制造任何产品的"工厂"，为用户尽情发挥想象力减少了阻力与限制，也为创新创意的实现提供了更多可能性。其次，"创新2.0"是面向知识社会的下一代创新模式。现代知识社会的一大特点可以用"破界——Break Boundaries"来形容。"破界"一词引用自2017年时尚芭莎举办的150周年时尚艺术大展的主题，旨在向人们展现打破时间、空间、艺术和技术界限之美。由于新一代信息技术环境的打造，各种数据、信息、知识、智慧得以更加高效的汇聚、整合、处理、共享和传播，使知识社会的各种壁垒逐渐被打破。人们在这样一个自由开放的技术平台上，能够将更多元的创意元素融入进来。在此过程中，以计算机技术为核心的信息技术将发挥怎样的影响和作用？针对这一问题，创意计算尝试从新的角度来回答，探索打破创意和计算机信息技术边界的更多可能性。

区别于其他用于辅助人们创新能力的计算机信息技术，创意计算的特点在于将创意融入了技术本身。认知科学家玛格丽特·博登提出了"创意"的三要素，即新的（New）、令人惊奇的（Surprising）和有价值的（Valuable），并开展了与各要素相对应的创造力的讨论，为创意计算的实现提供了可能性。其中，根据"令人惊奇的"不同程度，包括以下三类典型的创造力：

（1）组合型创造力（Combinational Creativity）通过在熟悉的事物之间建立陌生的连接实现创意。例如，谷歌眼镜（Google Glass）就是将人们所熟悉的眼镜和计算机进行了创新组合。

（2）探索型创造力（Exploratory Creativity）专注于在一个领域的概

念空间（Conceptual Space）^①内探索创意的可能性。例如，传统的心理学研究主要集中于自己的学科领域内，其知识的探索与发现依赖于观察和实验等方法的应用。

（3）相较于探索型创造力，转化型创造力（Transformational Creativity）能够通过改变相应的条件，将原有的概念空间转化为新的概念空间，从而拓展创新的可能性。例如，信息加工心理学将研究人脑活动的概念空间转化为研究信息加工系统的概念空间，人脑不再仅仅被认为是一种生物组织，而是被当作一种可以对表征信息的物理符号进行处理和加工的系统，即将"人脑"比作了"电脑"。该学科的许多研究发现，如模式识别，极大地促进了人工智能的发展。

知识融合能够为创意计算创造力的实现提供新的视角。对组合型创造力来说，受固有思维所限，要想发现两个事物之间的创意关系并不容易。尤其，对熟悉的事物来讲，必然会受到事物间原有关系的影响，这个时候就需要新视角的启发。例如，汉字中的组合字就是组合型创造力的典型代表。以"囍"字为例，北宋名相王安石将两个"喜"字组合在一起创造了"囍"字。虽取的是喜上加喜之意，但后人多从字形上将"囍"字比喻为一对有缘男女相偎相依、不离不弃。正是因为这样一个更加新颖的理解角度，使其寓意更加深刻，具有祝福婚姻美满，白头偕老的美好意义。因而，成为中国传统的吉祥图案，在民间广泛流传。

对探索型创造力来说，受限于单一概念空间的无形边界，研究者往往会形成惯性的思维模式。因此，要想在原有的空间范围内发现新的可能性是十分困难的。新视角的引入会形成对固有思维模式的刺激，从而

① 由概念以及概念和概念之间的关系构成的空间体系，如一个人大脑内构建的知识体系就可以被认为是一个概念空间。

增加发现创新可能性的机会。例如，"小蝌蚪变青蛙"是生物学中一个特殊的现象，其变形过程可以被认为是蛋白质链打开和重组的过程。然而，生物的蛋白质链十分坚固，"小蝌蚪为何能在极短的时间内完成变形"，"其中发生了怎样的生物反应"等问题一直困扰着生物学家。受到量子物理学中"量子纠缠"理论的启发，一个可能的解释被提出：如果将正常状态下的蛋白质链比作绳结中的"死结"，在小蝌蚪变形的过程中，蛋白质链可能发生了类似将"死结"迅速转变为"活结"的反应，从而极大地加快了蛋白质链打开和重组的过程。

对转化型创造力来说，通过将原有的概念空间转化为新的概念空间，不仅拓展了创新空间，同时也实现了一种更为彻底的思维和视角的转变。在新的概念和概念间关系的刺激之下，研究者不得不转换思维和视角来思考问题。而这样的转变往往能够帮助研究者发现新的思路。例如，二维空间和三维空间的规律完全不同。画家所迸发出的巨大创造力就来自将我们所处的三维世界转换成二维空间，描绘在画布上。以绘画的透视法为例，为了描述一个现实生活中的正方体，有的面需要被画成平行四边形，甚至梯形，而不能是正方形。可以说，转化型创造力是知识融合的深度体现。

3. 知识的融合方式

知识主要以学科（Discipline）为组织单位，知识融合往往需要通过跨学科或学科交叉实现。目前，知识融合的方式主要包括以下三种（见图 6-14）。

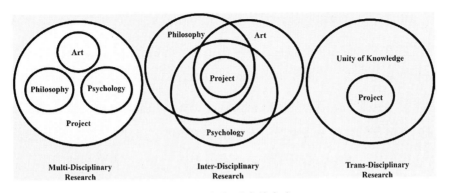

图 6-14　知识融合的方式

（1）多学科的融合方式（Multi-Disciplinary）是指将一个项目划分多个子任务，每个学科负责处理对应的子任务，最后将各学科的成果进行整合。例如，大型的航空航天项目往往采用这种方式。由于这些项目的极度复杂性，多学科的知识融合方式能够进行各领域的分工合作，提高效率。

（2）交叉学科的融合方式（Inter-Disciplinary）是指来自各学科的项目参与者全程参与项目展开的各个阶段，并在提出问题、分析问题、解决问题的整个过程中，从自己的学科背景出发，针对问题进行思想的交流和经验的分享。例如，装置艺术项目经常采用这种方式。艺术家们在进行艺术创作时，需要融入自然、人文、社会、科技等多种元素。许多装置艺术家本身就具有多学科背景，比如有些艺术家自己就会编程。

（3）跨学科的融合方式（Trans-Disciplinary）实现逻辑与交叉学科类似，主要区别在于跨学科方式所涉及的知识范围更广。相较于交叉学科，跨学科的融合方式更加关注全部知识的大融合（Unity of Knowledge），因此，这种知识融合方式也能够更加充分地发挥知识融通性。

整体来看，多学科的融合方式从根本上还是停留于各学科自己的领域，并没有通过学科之间的交流互动进行吸收和进步。而相对于多学科的融合方式，交叉学科的方式体现出了更多的创造力。多个学科角度的同时思考和探索，能够帮助研究者跳出固有的思维模式，之前被忽略或从未意识到的创新点可能因此被发现。例如，在旅游领域，针对游客流量的预测预警，许多研究者引入经济学的角度，通过一些经济学模型或方法的应用，将影响游客流量的诸多因素纳入旅游信息的处理中，从而为实现更加高效的旅游管理，提升游客服务质量做出贡献。这里的"交叉"是动词的含义，旨在使多个学科之间更加"主动"的构建起"交集"，在这样一个多元化的"地带"，希望能够刺激研究者们的多维思考，探索新的视角，产生新的发现，而这也正是创意计算所需要的。

为了寻找更加新颖的视角，相比数学和物理等传统相关学科，创意计算更加关注其他更具差异性的学科（如哲学，艺术，心理学等）。通过挖掘这些学科中更具差异性的思想、方法和理论等内容，为计算机领域中的现存问题探索创意的解决方案。以啪嗒学（Pataphysics）在创意计算领域的广泛应用为例，啪嗒学是专门研究想象力的哲学，由一位法国作家 Alfred Jarry 基于其创作经验提出。该领域的最大特点是，通过研究与创造力密切相关的、"出乎意料"的事件或现象来总结创意规律。不可否认，历史上的重大科学发现中有很多来自"意外"，如放射现象和青霉素的发现等。是否存在着某些客观规律能够帮助人们更加主动地去发现这些"意外"，从而推动创新创意的实现是这门学科研究的重点。因此，Pataphysics 在国内学术界被翻译成"啪嗒学"，形容"啪嗒一下"灵感迸发的瞬间。由于其独特的视角，啪嗒学的思想、方法和理论等被广泛应用于各个艺术领域，以辅助艺术家们的艺术创作。啪嗒学中所总结的与创意相关的各种规律也为实现创意计算提供了可行的解决方案。

第七章　旅游创意计算

本章主要探讨在旅游信息化和智慧旅游飞速发展的基础上，结合创意计算的特点与优势（见表7-1），分别从旅游消费需求的更新，旅游消费场景的升级以及信息技术应用的集成三个角度出发，挖掘将创意计算应用于服务旅游创新创意的各种可能性。

表 7-1　创意计算的"核心竞争力"

知识融合 Knowledge Combination	交叉学科 Inter- Disciplinary	创意的普适规律 Universal Laws of Creativity	组合型创造力 Combinational Creativity	创意 Being Creative
			探索型创造力 Exploratory Creativity	
			转化型创造力 Transformational Creativity	

一、旅游消费需求的更新

这部分探讨了创意计算如何服务于旅游消费需求的更新。随着人们对美好生活的追求，旅游已经成为一种普遍的生活方式。加之国民素质普遍提高，旅游经验日渐丰富，信息壁垒逐渐打破，旅游者对旅游活动越来越掌握主动权，使得旅游活动的自由度更高、个性化更强。随之而来的是变幻莫测、日趋复杂的旅游需求和不断涌现、主打深层体验的新兴旅行方式。根据马斯洛的需求层次理论，在现有需求得到满足的情况下，人们会向更高层次的需求转移，如归属需求、尊重需求、自我实现的需求甚至超越自我的需求。在旅游活动中主要表现为不断出现的面向更高需求层次的新的旅行方式。例如，面向归属需求，出现了主打亲情的"亲子游""爸妈游"，主打友情的大学生"投奔游"，主打爱情的"相亲游"等旅行方式。面向尊重需求，出现了融入心理疏导内容的"心理旅游"和感恩陌生人善意的"搭车旅游"等旅行方式。面向自我实现的需求，出现了以学习技艺和提升认知为主要目的的"学艺旅游"和将公益行为融入旅游的"义工旅游"等旅行方式。针对新时代的新特点，文化和旅游部总结了当前旅游领域正在发生的八大转变，其中重点强调了对品质旅游、美好旅游、全域旅游、休闲旅游、深度旅游等新兴旅游方式的重视。

创意计算能够启发"不一样"的旅行方式，从而激发新旅行方式的产生。根据前文对"创意"一词的解释，所谓"不一样"的旅行方式包含了"新的"，"令人惊奇的"和"有价值的"三个方面的特点，缺一不可。

1. 应用于启发"新的"旅行方式

"新的"旅行方式与"旧的"旅行方式相对，强调了旅行方式的变化，尤其是在技术刺激下发生的变化。以前做不到或做起来困难的事情，在技术的辅助下变得能够做到或容易做到，这将会给人们旅行方式的改变带来极大影响。例如，过去由于信息壁垒的存在，人们多选择旅行社提供的团队游。然而，随着导航技术的普遍应用，使人们的出行变得更加方便和自由，也更愿意去探索陌生的地方，极大地扩大了旅游范围。如今，由于各种智能技术的普遍应用，旅游领域已经进入智慧旅游时代。然而，当前智慧旅游相关研究主要集中于提升旅游活动的便捷度、高效性和个性化。"创意"作为"智慧"的重要组成部分，在智慧旅游中的探索却是不足的。因此，创意计算在旅游中的应用对弥补智慧旅游中的创意环节具有重要的意义。

2. 应用于启发"令人惊奇的"旅行方式

"令人惊奇的"旅行方式强调的是旅游所带来的"未知"，"新鲜感"和"不确定性"等感觉。例如，人们在自驾游的过程中，沿途无法预知的经历常常会给人们带来意想不到的惊喜，有可能是绝美的风景，也有可能是有意思的陌生路人。各种新技术的应用，进一步拓展了主动激发这种"意外性"的可能性。例如，通过应用 AR 技术将虚拟与现实相结合，手游 Pokemon Go 为人们提供了一种全新的"打开世界"的方式。在游戏中，虚拟的小精灵经常出现在名胜古迹和旅游景点附近。用户在"走出家门"，甚至"走出城市"寻找小精灵的途中，经常能够发现和了解意想不到的地方。开发具有创意特点的技术产品是创意计算的核心内容之一，将其应用于旅游中构建创意的人机交互，使输入与输出之间建立"意料之外"的联系，从而为旅游活动制造"惊喜感"是值得研究的方向之一。

但是，这种基于创意计算实现的"惊喜感"背后并不是无意义的，存在创意逻辑的支撑。假设，游客在一个普通的旅游推荐系统中输入"紫禁城"，得到的结果可能是"故宫"，"颐和园"和"南锣鼓巷"等较为常见的景点。但是，如果将创意计算中的 Syzygy 和 Panalogy 所代表的"并列"思想融入旅游推荐系统中，同样是以"紫禁城"为关键词，通过不同关联角度关键词的并列，会为游客带来不同程度的思维拓展。例如，将"紫禁城"从古建筑结构的角度进行关联，可以得到屋顶、屋身和台阶等维度。虽然看似简单，但是古建筑结构中实际上蕴含着丰富多彩、博大精深的中华传统文化，如代表"礼者天地之序"的礼文化。以"屋顶"的维度拓展为例，紫禁城的皇家建筑多以庑殿顶和歇山顶等高等级的屋顶为主。通过关联北京市拥有庑殿顶或歇山顶的古建筑，创意的推荐结果可能包括"孔庙"和"智化寺"等景点，甚至平时容易忽视的旅游资源，如急需修缮保护的、始建于明代的南城现存唯一一座庑殿顶寺庙建筑"清华寺"。该旅行方式的根本目的是使游客感到惊奇的同时，能够进一步思考结果背后的逻辑与含义，从而对游客固有的思维模式形成刺激，达到深化旅游体验的目的。

3. 应用于启发"有价值的"旅行方式

"有价值的"旅行方式主要是从旅游目的与功能的角度出发，强调旅游行为要能够为人们带来各种体验上的满足。尤其是在新一代信息技术的支持下，能够增强现有的旅游体验（例如，认知的体验、遁世的体验、审美的体验等），以及开发新的旅游体验（例如，创意体验等）。创意计算旨在通过技术手段激发人们的创造力。对创造力的追求是高层次心理需求的体现。基于此，将创意计算应用于构建深层旅游体验潜力较大。

案例：伦敦街

创意计算在旅游中的典型应用案例"伦敦街——London Street"就充分体现了创意旅游的特点。从"新的"角度来说，不同于其他帮助人们畅游伦敦大街小巷的 App（例如，City Mapper 等），London Street 关注的不是著名的旅游景点，娱乐活动，或是美食餐饮等，而是如何带领游客探索一条"普通"的伦敦街道。随着人们的旅行方式从观光游到休闲游的转变，London Street 旨在让用户能够有机会去发掘一个看似普通的街道背后可能蕴含的丰富文化。也许，在某个街角就藏着让人意想不到的故事。从"令人惊奇的"角度来说，London Street 最大的特点在于它能够让游客通过现在的街景图片看到以前的街景图片。基于图像分层等技术，当定位到某个地方的时候，游客能够通过拖动鼠标或使用虚拟镜片的方式，看到该位置以前的样子。这种将"现在"与"过去"更加紧密地联系在一起的方式，代入感很强，能够给游客一种非常直观的感觉。与将 3D 虚拟仿真技术应用于古遗迹复原不同，London Street 所使用的依然是真实的图片。正是这种"现在"与"过去"所形成的鲜明对比，能够很好地引发游客的好奇心，从而有机会发现新鲜的事物。从"有价值的"角度来说，London Street 体现了多种旅游功能。例如，从认知体验的角度出发，London Street 能够帮助游客发掘有趣的、意想不到的故事，并接触传统旅游方式可能接触不到的文化。从创意体验的角度出发，无论是新鲜的旅行方式，还是接触新鲜的事物，都有助于人们突破原有的思维模式，刺激创新思维的产生。

二、旅游消费场景的升级

旅游消费场景的升级主要体现在对深层旅游体验的构建。创意计算可为深层旅游体验的构建提供新的思考角度。旅游体验的形成是一个复杂过程，其中涉及多个学科或领域角度的应用。以旅游体验的影响因素研究为例，本质上旅游者是旅游体验构成的基础，因此，心理学是相关研究的主要角度之一。其中可能包括对旅游者在旅游体验过程中产生的情绪（如喜、怒、哀、乐）和情感（如愉快、感激、鄙视、仇恨）等因素的研究，以及认知层面（如思维、想象），甚至精神层面（如信仰、审美）等因素的探讨。创意计算的核心指导思想就是跨学科、跨领域的知识融合。并且，由于创意计算专注于人们创新能力的激发，因此，知识融合的过程首先考虑的是与"创意"有着紧密联系的学科和领域，如哲学、艺术、心理学等。基于此，创意计算不仅可以辅助旅游体验在心理学视角的研究，同时也能够进一步拓展新的思考维度，激发构建深层旅游体验的更多可能性。

此外，创意计算还可为深层旅游体验的构建提供新的技术解决方案。与旅游体验相关的一系列心理过程的发生源于旅游者与外部世界的交互。在交互过程中，首先触发的是各种感官（如视觉、听觉、嗅觉、味觉、触觉）。根据具身理论的研究，人的身体在认知过程中扮演着重要角色，其中，不仅包括感官的刺激，还涉及身体的结构、位置和空间感、运动觉等复杂系统。因此，要想实现更高质量、更深层次的旅游体验，需要对身体（不仅是感官）的综合调动。创意计算致力于通过实现创意的人机交互以激发用户创意，其研究重点之一就是新技术实现的新的交互功能，以及由此而引发的新交互方式的出现。例如，全息投影技术模糊了"虚拟"与"现实"的界限，进一步拓展了视觉刺激。VR技术通过配合头显和手柄设备可将用户的触觉和运动觉融入交互过程。可穿戴式设备（如电子手环）则可以将人体的生物信息与交互信息进行整合。诸如此类的基于新技术的新交互有助于激发新的认知和情感过程，从而为增强旅游体验中的交互性与参与感提供新的技术解决方案。

当前，所谓的"深层"旅游体验的构建集中表现在对审美体验、沉浸体验及创意体验的追求，也是创意计算的研究和应用重点。

1. 应用于构建审美体验

审美体验是旅游体验的本质类型。审美体验为旅游者带来的愉悦是精神层面的，属于较高层次的体验。构建高质量的审美体验需要回答最本质的问题，即何为"美"。旅游者对"美"的感知虽然受到文化背景和个人偏好等因素影响较大，但是，随着哲学、艺术等领域的相关研究持续推进，关于"美"的普遍规律得以不断被发现。美学家朱光潜在他的代表作《谈美》一书中曾对"艺术"或"美"做出分析，认为能够称之为"艺术"或"美"的重要元素之一是"身心合一"的活动。例如，欣赏一位书法家的作品，人们看到的不仅是这幅作品的具体内容，更重要的是，这幅作品所表现出的书法家的运笔特点。例如，观赏王羲之的书法要看的是平和自然、委婉含蓄的特点。而欣赏张旭的草书则需要体会的是雄浑奔放的气概、纵横捭阖的笔姿和恣肆浪漫的势态。因此，通过将"美"的普遍规律（如身体的运动规律）融入技术当中，为旅游体验提供更加丰富的人机交互方式，使用户对"美"的体验更进一步，是创意计算的主要方向之一。

2. 应用于构建沉浸体验

沉浸体验旨在通过营造某种意境或氛围，让体验者能够全身心地置身其中，达到一种深度体验的目的。当前，沉浸体验主要通过感官刺激，尤其是视听刺激实现。其中，视听刺激以视觉刺激为基础，从维度的角度出发，可以分为二维和多维两种方式。二维的视觉刺激主要通过高清巨幕实现，而三维或多维的视觉刺激可通过影院技术（如弧幕、环幕、球幕、3D、4D、5D）、投影技术（如动态投影、全息投影、多通道投影拼接融合技术）和虚拟技术（如 VR、AR）实现。此外，从内容的角度出发，还可以分为静态沉浸和动态沉浸两种。维度和内容的组合共同构成了对视觉的综合刺激，如动态版的巨幅清明上河图（巨幕＋动画）。并且，随着新技术的出现，人们开始在视觉技术的基础上叠加交互技术（如触控技术、体感技术、可穿戴技术等），以综合调动多种感官，从而实现更加丰富的沉浸体验。例如，故宫端门数字馆的体感装置"数字屏风"，通过实现虚拟试穿皇家服饰的互动功能，让游客进一步沉浸于宫廷文化之中。

从沉浸体验的研究与实践中可以看出，充分调动游客的参与性是构建沉浸体验的核心。然而，对游客感官甚至身体的调动只是激发参与性的手段，其背后应该有更深层的意义构建，从而引导游客真正地投入其中。对创意计算而言，在克服创意的主观性与技术的客观性之间矛盾的过程中，计算机信息技术在创意计算领域所扮演的功能与作用得到了极大的拓展。技术不再仅是工具或平台，技术本身可以成为人们进行思考与探索的媒介，对构建有意义的沉浸体验有一定的启发。例如，TeamLab 打造的"无相空间"沉浸式艺术展中，就将对"人与宇宙的关系""人与自然的关系"等内容的探讨融入了技术装置的设计与实现中。

3. 应用于构建创意体验

深层体验需要满足高层次的心理需求。其中，认知需求是较为典型的高层次需求之一。对认知需求的满足，主要体现在两个层面。首先，在认知内容层面，相较于信息，深层体验对知识的需求度更高。因此，在旅游活动中已经不仅关注面向旅游者的旅游信息的传达（如午门是北京故宫的正门，位于故宫南北轴线，平面呈"凹"字形），而且越来越重视旅游知识的传播（如从中国古代哲学的视角出发，"凹"属阴，午门的方位又至阳，一阴一阳意指阴阳和谐，有形与无形共存）。

其次，在认知过程层面，高层次思维活动的触发有助于深层旅游体验的构建。创意思维就是其中之一，且旅游活动的优势与特点十分有利于创意思维的激发。比如，旅游中惯常环境向非惯常环境的转移往往会伴随着旅游者认知系统的切换，从而在新鲜事物的刺激下启发创意。再如，旅游者在旅游过程中整体处于较为放松的状态，有助于大脑进入发散模式（Diffuse Mode），从而提升创意灵感发生的可能性。此外，在需求驱动下，为增加获得感，旅游者在旅游活动过程中变得接受度更高，更具有探索欲望，并且勇于尝试。这些因素都有助于在旅游过程中激发游客的创意。基于此，形成了创意旅游领域，旨在通过开展创意体验活动，提升游客的创造力。

创意计算与创意旅游的目标不谋而合。基于知识融合，借助计算机信息技术，创意计算致力于辅助旅游中创意体验活动的设计与开展。相关研究主要包括以下三个方向。首先，面向以观赏为主的创意景观（如美术馆举办的艺术展览），可以通过应用具有创意特点的技术产品，打造新颖的艺术装置以启发旅游者创意。其次，面向以互动为主的创意空间（如创意园区），可以通过设计融入创意元素的开发过程，调动更多创意群体的参与，并促进各群体之间的交流与分享以构建创意的氛围。最后，面向以体验为主的创意活动（如竹编制作），可以通过打造能够支撑创意的运行平台，设计创意目标与任务，促使旅游者从消费者向生产者转化，在亲身参与创意实践的过程中充分激发创造力。

三、信息技术应用的集成

旅游活动需要信息技术的集成。旅游是综合性的活动，所涉及的内容包括食、住、行、游、购、娱各方面。因此，对旅游活动的辅助涉及多种信息技术，例如，应用于信息搜索的搜索引擎技术，应用于旅游推荐的大数据技术，应用于旅游预订的支付技术等。并且，旅游需求的满足往往需要集成多项技术。例如，为实现高效的导航/导游/导览功能，需要定位技术（GPS）和地理信息处理技术（GIS）的充分集成。随着旅游需求日渐复杂且快速变化，旅游领域亟须整合更多的先进科技。此外，信息技术本身有着集成的本质。任何一项技术的产生与发展都不是孤立存在的。例如，大数据技术产生不仅得益于网络技术普及带来的海量数据，同时也是在云计算高效的计算资源配置能力，以及人工智能强大的数据挖掘能力的支撑下快速发展起来的。同时，网络技术的飞速发展和普及应用极大地促进了物联网技术的发展，使"万物互联"成为可能，从而为各项技术在功能和逻辑层面的集成整合奠定了坚实的基础。

创意计算能够为信息技术在旅游领域的集成应用启发新的思路。知识融合是创意计算的核心指导思想，而跨学科、跨领域的知识融合能够在一定程度上促进技术的连接。当前，各种各样的信息技术已经广泛地应用到了各个学科和领域中；反之，各学科和领域知识之间实现的大融合，也能够启发技术之间的连接。例如，创意计算的根本目的是辅助人们创新能力的提高。因此，首先需要对人们的创造力和创新创意思维进行充分的了解。在知识融合思想的指导下，创意计算的研究中结合了认知科学中关于创新能力的研究成果。而这种知识之间的整合，也为创意计算带来了在认知科学的研究中广泛应用的神经影像技术（例如，FMRI和EEG等）。通过将这些认知科学的技术与创意计算实现连接，不仅能够对应用效果加以监测，从而基于反馈结果不断地提高创意计算对人们创新能力的辅助，而且能够为创造力的量化评价提供新的研究方向。基于旅游本身综合性的特点，旅游中食、住、行、游、购、娱多个方面的研究内容，更是为知识融合驱动下的技术连接提供了良好的环境。例如，旅游体验中关于情绪情感的相关研究，可以结合认知科学中的相关研究成果和技术。通过分析当游客陷入某种情绪或情感时所呈现的脑部活动，为高效的游客管理提供新的解决方案。比如，可以将轻便的神经影像设备内嵌于景区的自助讲解器，并将其连接到景区物联网的技术体系中。通过对人们"焦虑"情绪的脑电波监控，也许能够更加精准地监控游客流量的变化，并且，及时地提前进行疏散，以防止安全事故的发生。因此，从知识融合的角度出发探索信息技术的集成应用，也许能够为旅游信息化和智慧旅游带来新的技术解决方案。

结　语

　　旅游信息化在整个旅游业的发展中扮演着重要角色。信息技术的应用不仅服务于旅游业的发展，而且技术本身的更新迭代也会对旅游业产生巨大的影响，甚至引发变革。目前，新一代信息技术的关注使旅游信息化已经进入智慧旅游的发展阶段。然而，随着旅游逐渐成为现代社会的一种生活方式，人们对旅游的需求也变得日益复杂。因此，旅游在信息化进程中一直关注着信息技术领域的新发展和新动向。

　　近年来，创意计算概念在艺术和技术结合的领域中被提出。在知识融合思想的指导下，创意计算通过创意技术解决方案来辅助人们提高创新能力，这是创意计算的核心。作为信息技术领域的新概念，创意计算提出了新的思想、理论、方法和工具。将创意计算应用于旅游领域，可以为旅游信息化和智慧旅游带来新的思考方向和研究内容。具体来说，从功能角度出发，创意计算能够为旅游领域增加与创新创意相关的研究，如科技创新、文化创意和创意旅游。从知识融合角度出发，创意计算不仅能够为旅游提供在知识连接思想指导下的技术连接，还能够为旅游信息化和智慧旅游提供新的思考方向，如创意的旅游方式和旅游体验。从研究角度出发，创意计算与其他信息技术领域的研究方式有所区别，可以为旅游研究注入新的活力，如哲学、艺术、心理学等学科和领域的交叉融合。

在旅游创意计算的交叉融合中，我们见证了信息技术对旅游业的重要影响。旅游信息化不仅推动了旅游消费需求的更新和旅游消费场景的升级，还为智慧旅游的发展提供了新的思考方向。同时，创意计算的引入为旅游领域注入了新的活力，促进了科技创新、文化创意和创意旅游的研究与实践。随着旅游逐渐成为现代社会的重要生活方式，我们必须不断关注信息技术领域的新发展和新动向，以应对日益复杂的旅游需求。通过知识融合思想的指导，我们可以运用创意计算的理念和方法，提升旅游创新能力，探索创意的旅游方式和丰富的旅游体验。

在未来的旅游信息化进程中，我们应继续推动信息技术与旅游的深度融合，不断追求创新和变革。通过跨学科的研究与合作，我们可以开拓旅游领域的新思路，为旅游业的可持续发展做出贡献。让我们共同努力，以旅游创意计算为引领，开创旅游业的新篇章，为旅行者提供更加丰富、个性化的旅游体验，让旅游成为人们生活中的美好记忆与灵感的源泉。

责任编辑：郭海燕
责任印制：冯冬青
封面设计：中文天地
　　　　　王劭妍

图书在版编目（ＣＩＰ）数据

旅游创意计算 / 张璐主编 ； 杨宏戟副主编 .

北京 ： 中国旅游出版社，2025. 3. -- ISBN 978-7

-5032-7483-1

Ⅰ . F590.1

中国国家版本馆 CIP 数据核字第 202401B14C 号

书　　　名：旅游创意计算

作　　　者：张璐主编　杨宏戟副主编
出版发行：中国旅游出版社
　　　　　（北京静安东里 6 号　邮编：100028）
　　　　　https://www.cttp.net.cn　E-mail:cttp@mct.gov.cn
　　　　　营销中心电话：010-57377103，010-57377106
　　　　　读者服务部电话：010-57377107
排　　　版：北京旅教文化传播有限公司
经　　　销：全国各地新华书店
印　　　刷：三河市灵山芝兰印刷有限公司
版　　　次：2025 年 3 月第 1 版　2025 年 3 月第 1 次印刷
开　　　本：720 毫米 × 970 毫米　1/16
印　　　张：11.5
字　　　数：200 千
定　　　价：58.00 元
ＩＳＢＮ　978-7-5032-7483-1

版权所有　翻印必究
如发现质量问题，请直接与营销中心联系调换